安徽省哲学社会科学规划项目研究成果

农村残疾儿童教育公平研究

Research on Educational Equity for Rural Children with Disabilities

郭启华　著

中国科学技术大学出版社

内 容 简 介

本书以我国农村残疾儿童教育公平为研究对象，通过对特殊教育学校校长、教师和普通学校随班就读教师发放问卷和深入访谈，围绕农村残疾儿童受教育权进行了调查研究，并追踪了一些农村残疾儿童个案，全方位反映了农村残疾儿童平等受教育权和适宜受教育权的状况。在全面呈现农村残疾儿童受教育权现状的基础上，从国家、社会、学校和家庭四个方面，分析了影响农村残疾儿童受教育权的因素及作用机制，提出多方协同等促进农村残疾儿童教育公平的建议和策略。

图书在版编目（CIP）数据

农村残疾儿童教育公平研究/郭启华著.--合肥：中国科学技术大学出版社，2024.6
ISBN 978-7-312-05985-8

Ⅰ.农… Ⅱ.郭… Ⅲ.农村—残疾人—儿童教育—特殊教育—公平原则—研究—中国 Ⅳ.G76

中国国家版本馆CIP数据核字（2024）第098878号

农村残疾儿童教育公平研究
NONGCUN CANJI ERTONG JIAOYU GONGPING YANJIU

出版 中国科学技术大学出版社
安徽省合肥市金寨路96号，230026
http://press.ustc.edu.cn
https://zgkxjsdxcbs.tmall.com
印刷 安徽省瑞隆印务有限公司
发行 中国科学技术大学出版社
开本 710 mm×1000 mm 1/16
印张 10.5
字数 210千
版次 2024年6月第1版
印次 2024年6月第1次印刷
定价 68.00元

前　言

教育公平是人类社会的共同追求，也是衡量一个国家文明水平的重要标志。教育公平意味着每个人无论其种族、性别、社会地位、经济状况等背景如何，都有平等的机会接受教育，并在教育过程中得到公正的对待。

早在两千多年前孔子就提出了“有教无类”的教育主张，体现了深厚的人文情怀。1948年《世界人权宣言》规定：“人人都有受教育的权利，教育应当免费。”《中华人民共和国教育法》规定：“公民不分民族、种族、性别、职业、财产状况、宗教信仰等，依法享有平等的受教育机会。”2007年，党的十七大报告指出：“教育是民族振兴的基石，教育公平是社会公平的重要基础。”《国家中长期教育改革和发展规划纲要（2010—2020年）》明确提出：“教育公平的关键是机会公平，基本要求是保障公民依法享有受教育的权利，重点是促进义务教育均衡发展和扶持困难群体，根本措施是合理配置教育资源，向农村地区、边远贫困地区和民族地区倾斜，加快缩小教育差距。”

机会公平是保证每个人受教育权利的前提，但由于先天和后天各种原因，部分人群处于发展不利地位，不能正常享受平等的机会。2006年第二次全国残疾人抽样调查数据显示，我国0~14岁的残疾人口为387万人，其中75%以上生活在农村地区。随着我国教育现代化进程的推进，办好人民满意的教育，大力促进教育公平，努力让每个孩子都能享有公平而有质量的教育目标逐步实现。农村残疾儿童作为社会上最弱小、最困难的群体，其受教育权利的实现对其具备与经济社会发展水平相适应的平等发展能力，并在与他人平等的基础上切实和充分融入社会，具有特别重要的意义。

党的十八大报告明确提出，要“努力办好人民满意的教育，大力促进教育公平，合理配置教育资源，重点向农村、边远、贫困、民族地区倾斜，支持特殊教育”。十九大报告提出，要“高度重视农村义务教育，办好学前教育、特殊教育，努力让每个孩子都能享有公平而有质量的教育”。关注农村残疾儿童的教育问题，了解农村残疾儿童受教育权保障的状况，对促进农村残疾儿童接受更好的教育、实现美好生活愿望十分必要。

本书为安徽省哲学社会科学规划项目“农村残疾儿童教育公平研究”(AHSKHQ2019D002)的研究成果，以我国0~18岁农村残疾儿童为对象，通过对15所特殊教育学校校长、298名普通学校随班就读教师发放问卷，围绕农村残疾儿童受教育权进行调查研究，并深入访谈特殊教育学校和普通学校的校长和教师，追踪20个农村残疾儿童个案，全方位反映了农村残疾儿童平等受教育权和适宜受教育权的状况。在平等受教育权方面，研究表明，我国义务教育阶段农村残疾儿童平等受教育权的实现状况总体趋向良好，智力残疾和多重残疾儿童接受义务教育比例逐年增加。但总体看，农村残疾儿童入学率、巩固率仍明显低于普通儿童和城市残疾儿童，农村未持证残疾儿童、流动残疾儿童和残疾女童接受义务教育比例偏低。非义务教育阶段农村残疾儿童受教育途径狭窄，入学机会稀少。

在适宜受教育权方面，东、中、西部农村残疾儿童受教育条件差异比较明显。从特殊教育学校数据来看，中、西部地区特教学校的生师比、班师比和班额都高于东部，说明中、西部地区特教教师工作负担较重；东部地区特教学校教师的学历、职称和特教及康复专业教师比例整体优于中、西部；样本学校中女性教师的比例很高；无障碍环境和资源教室建设整体水平较差，使得农村残疾儿童，尤其是中、西部农村残疾儿童，较难接受到适宜的教育。从随班就读学校来看，特殊教育专业师资极度缺乏、无障碍设施和资源教室稀少、个别化教育难觅踪影，“随班就座”仍是主流。送教上门工作的开展还有待进一步规范，质量提升迫在眉睫。

在全面呈现农村残疾儿童受教育权现状的基础上，本书从国家、社会、学校和家庭四个方面，分析了影响农村残疾儿童受教育权的因素及作用机制，提出多方协同等促进农村残疾儿童教育公平的建议和策略。

教育公平是一个需要不断努力以无限接近的目标，我国在推进教育公平方面的成就举世瞩目。在残疾儿童受教育方面，随着“‘十四五’特殊教育发展提升行动计划”的全面实施，残疾儿童平等受教育权已通过特殊教育、融合教育、送教上门等多种形式得到充分保障，但在适宜受教育权方面，农村残疾儿童能够接受适宜的教育方面还有较长的路要走，这也是需要国家、社会多方持续关注的重点。

本书在写作过程中参考了大量著作、报刊的研究成果，并尽量做到引用规范，但难免有遗漏，在此对这些研究成果的所有者表示衷心感谢！由于作者水平有限，关于农村残疾儿童教育公平的诸多研究领域尚未涉及，观点难免存在不妥之处，敬请读者批评指正。

郭启华

2024年1月

目　　录

第一章　绪　　论

第一节　研究的背景与意义

一、研究背景

受教育权是一项基本人权，是指公民享有从国家接受文化教育的机会和获得受教育的物质帮助的权利。2006年第二次全国残疾人抽样调查数据显示，我国0～14岁的残疾人口为387万人，其中75.04%生活在农村地区。[①]2007年以来，随着义务教育阶段“两免一补”等教育救助政策的全面施行，残疾儿童接受义务教育的比例不断上升并基本保持稳定。2012年，全国6～14岁残疾儿童接受义务教育的平均比例为71.9%，城镇比例为74.2%，农村比例为71.4%。[②]可见，仍有近30%的农村残疾儿童没能接受任何形式的义务教育。就残疾儿童学前教育而言，在学前教育普及率70.55%、城市残疾儿童学前教育普及率61.48%的背景下，农村残疾儿童接受

① 第二次全国残疾人抽样调查领导小组，中华人民共和国国家统计局.2006年第二次全国残疾人抽样调查主要数据公报：第二号[EB/OL].(2007-05-28)[2018-03-01].http://www.gov.cn/fwxx/cjr/content_1311943.htm.

② 中国残疾人联合会.《关于印发2012年度残疾人状况及小康进程监测报告》的通知[EB/OL].(2013-06-27)[2018-03-01].http://www.cdpf.org.cn/sjzx/jcbg/201408/t20140812_410999.shtml.

学前教育率仅为26.41%。[①]农村残疾儿童接受高中和职业教育的比例更低。农村残疾儿童作为社会上最弱小、最困难的群体，其受教育权利的实现程度对其能否具备与经济社会发展水平相适应的平等发展能力，并在与他人平等的基础上切实和充分融入社会，具有特别重要的意义[②]，是国家文明进步的标志。

党的十八大报告明确提出，要“努力办好人民满意的教育，大力促进教育公平，合理配置教育资源，重点向农村、边远、贫困、民族地区倾斜，支持特殊教育”。党的十九大报告提出：“高度重视农村义务教育，办好学前教育、特殊教育，努力让每个孩子都能享有公平而有质量的教育。”习近平总书记提出，要让人们过上幸福美好的生活。在这样的背景下，关注农村残疾儿童的教育问题，了解农村残疾儿童受教育权保障的状况，对促进农村残疾儿童接受更好的教育、实现美好生活愿望十分必要。

二、研究意义

（一）理论意义

首先，本研究能够填补农村残疾儿童教育权保障研究的空白，有利于完善残疾人社会权利保障研究的理论体系。近年来，我国学者在残疾人权利保障方面做了大量的研究，但专门针对农村残疾儿童受教育权保障的研究仍是空白。研究这一群体受教育权状况及其保障问题，具有非常大的理论价值。

其次，本研究能够丰富特殊教育理论的研究，为残疾儿童特殊教育体制的发展提供理论基础。本研究从新的视角——农村残疾儿童出发，探寻教育系统自身存在的影响农村残疾儿童受教育权实现的诸多原因，并探求解决的路径和方法，从而为特殊教育体制的发展提供理论基础。

（二）实践意义

本研究通过对农村残疾儿童受教育状况及其原因的调查，切实把握农村残疾儿童，尤其是中、西部农村地区残疾儿童的受教育权保障状况及其存在的问题。为探索适合我国国情的、具有区域特点的系统化残疾儿童教育模式奠定理论基础。同时为国家残疾儿童教育立法和政府决策提供重要的依据，具有较强的现实意义。

---

① 郭启华.农村残疾儿童学前教育不应成为被遗忘的角落[J].合肥学院学报,2011(4):116-120.

② 刘雪斌.新发展理念与我国残疾儿童发展权利的保障[J].人权,2016(3):26-41.

第二节　主要概念界定

一、农村残疾儿童

（一）残疾儿童

我国《残疾人保障法》将残疾人界定为在心理、生理、人体结构上，某种组织、功能丧失或者不正常，全部或者部分丧失以正常方式从事某种活动能力的人。[①]《儿童权利公约》中明确儿童为18岁以下的任何人。我国《未成年人保护法》相关条目规定，未成年人是指未满18周岁的公民。因此，本文中将残疾儿童界定为18周岁以下的在心理、生理、人体结构上，某种组织、功能丧失或者不正常，全部或者部分丧失以正常方式从事某种活动能力的我国公民，包括视力残疾、听力残疾、言语残疾、肢体残疾、智力残疾、精神残疾、多重残疾和其他残疾。

（二）农村残疾儿童

农村残疾儿童是指户籍在农村的0～18岁残疾儿童。

二、残疾儿童受教育权

（一）受教育权

我国《宪法》和《教育法》都明确了“中华人民共和国公民有受教育的权利和义务。”受教育权是公民所享有的并由国家保障实现的接受教育的权利，包括接受文化教育的机会和获得受教育的物质帮助的权利。

（二）残疾儿童受教育权

《儿童权利公约》规定：“确保残疾儿童能有效地获得和接受教育、培训、保健服务、康复服务、就业准备和娱乐机会，其方式应有助于该儿童尽可能充分地参与社会，实现个人发展，包括其文化和精神方面的发展。”

① 全国人民代表大会常务委员会.中华人民共和国残疾人保障法[EB/OL].(2008-04-24)[2018-03-01].http://www.gov.cn/test/2008-12/11/content_1174760.htm.

我国《残疾人保障法》规定，国家保障残疾人享有平等接受教育的权利。且残疾人教育要根据残疾人的身心特点和需要进行。结合国内学界将公民受教育权分为受教育机会获得权、受教育条件利用权和公正评价获得权的一般分类，本文将残疾儿童的受教育权分为平等的受教育权（机会获得权）和适宜的受教育权（条件利用权和公正评价权）两个方面。

三、保障机制

（一）机制

机制，在管理领域，通常指制度机制，即通过制度系统内部组成要素按照一定方式的相互作用实现其特定的功能。①

（二）保障机制

保障机制是指为管理活动提供物质和精神条件的机制。

第三节　研究现状综述

农村残疾儿童作为社会弱势群体，其受教育权利的实现是国家文明进步的标志，但是由于社会、学校、家庭等方面的原因，我国农村残疾儿童的受教育权仍没有得到很好的实现。因此，关于农村残疾儿童受教育权及其保障问题的研究得到许多研究者的关注。

一、儿童受教育权研究现状

笔者在中国期刊网上以“农村残疾儿童受教育权”为关键词仅检索到1篇文章；以“残疾儿童受教育权”为关键词检索到10篇文章；以“儿童受教育权”为关键词检索至101篇文章；以“残疾人受教育权”为关键词检索到26篇文章；以“农村残疾儿童”为关键词检索到1篇文章。可见，针对农村残疾儿童的受教育权问题国内现有研究还相对不足。

① 丁勇.关于健全特殊教育保障机制的思考[J].中国特殊教育,2016(2):10-13,18.

围绕儿童受教育权，国内重点关注的是弱势儿童与处境不利儿童的受教育权问题，这与国际潮流一致。在查阅到的文献中，大多集中于留守儿童、流浪儿童、残疾儿童、农民工子女，较少聚焦于“农村残疾儿童”。如王为东在其研究中从留守儿童受教育权的特征、实现状况和面临的困境三方面探讨了留守儿童受教育权问题；[①]王吉文通过研究提出，教育可以使流浪儿童认识到流浪的消极后果，并逐渐认识到学校教育对于他们生存权与发展权的重要意义，从而增强他们自愿接受学校教育的内心自觉性，对于愿意接受义务教育的流浪儿童应坚持零拒绝原则；[②]张翼杰在论述残疾儿童受教育权保护时提到，残疾儿童是教育中的弱势群体，他们在教育选择及教育资源的分配和使用上处于劣势地位，其接受教育的权利常常被忽视，受传统观念的影响，很多人不能正确认识残疾儿童接受教育的社会价值，从而导致学校以各种借口拒收残疾儿童、家长不送残疾子女上学、社会人员诱使残疾儿童辍学乞讨等各类教育、法律案件的时有发生；[③]杨克的研究指出政策执行的失真已成为农民工子女平等接受义务教育的重要障碍，免费政策未能惠及所有农村儿童，农村儿童享受义务教育的限制条件依然存在，不完全的公民权利导致城市农民工子女被排斥在平等的义务教育之外，城乡二元的教育分层，无论在身份上还是在地域上都为农村儿童平等接受义务教育设置了障碍。[④]

二、儿童受教育权保障存在的问题

尽管国内外都出台了一系列法律法规和政策来保障儿童，特别是处境不利儿童的受教育权利，但是现实情况中还是存在诸多儿童受教育权受侵害问题。陈颖、徐聃在基于湖南省的实证调研分析中指出，我国孤独症儿童受教育权保障存在相关法律法规不健全、理念比较落后、资金投入少、师资严重缺乏、支持体系不够健全等问题。[⑤]艾绍文以辽宁省某县为对象调查了残疾儿童受教育权实现状况发现，残疾儿童在入学机会、获得学生身份、获得教育帮助方面都有很大突破，在小学辍学率、复学率和完成率方面也有良好表现。但是也存在如下问题：① 对残疾儿童的歧视和拒绝；② 入学率低、未得到有效鉴别和评估、教育选择权有限；③ 生均经费

① 王为东.法治思维下留守儿童受教育权的保障机制:以河南省原阳县留守儿童学校为观察点[J].当代教育论坛,2014(4):75-82.

② 王吉文.城市流浪儿童受教育权的保护问题:以儿童权利保护的“非歧视原则”为视角[J].广西政法管理干部学院学报,2010,25(6):52-55,60.

③ 张翼杰.论残疾儿童受教育权的法律保护[J].残疾人研究,2012(4):13-18.

④ 杨克.中国农村儿童受教育权:福利供给与财政体制[J].学术界,2015(6):218-229.

⑤ 陈颖,徐聃.孤独症儿童受教育权保障研究:基于湖南省的实证调研分析[J].湖南行政学院学报,2016(5):92-97.

低、特殊教育教师缺乏、教育设施设备不完备、教材老化；④ 家长义务未尽到位等。[①]石连海指出制约残疾儿童享受义务教育权利的因素有：①残疾儿童数量多，特殊教育学校数量少；② 残疾儿童监护人的主观认识存在误区；③ 身份歧视，随班就读制度不完善。[②]

文献指出，相对于城市来说，农村有其不利因素制约儿童受教育权的保障。李佳勋在其研究中提出，农村相较于城市来说，地广人稀，教育资源自然较为分散，加上有些残疾人行动不便，外出还需看护陪伴、照顾，因此，在城市中设立培训学校集中学习的模式难以在散居的农村地区实现。[③]董宏伟指出农村留守儿童受教育权实现过程中存在的问题有：① 对入学机会权保障的不足；② 受教育条件的严重不平等；③ 获得公正评价的体制不完善。郭启华调查了安徽省农村残疾儿童教育现状后发现，家庭经济困难是导致农村残疾儿童辍学的主要原因，无适合学校和残疾程度重是农村残疾儿童未能入学的主要原因，同时指出家长对农村残疾儿童接受教育的重要性认识不足，教育救助和社区服务缺少系统性和持续性。[④]

三、残疾儿童受教育权的保障机制

从国内外已有文献来看，残疾儿童受教育权的保障机制可划分为四大类，分别为国家保障、学校保障、家庭保障和社会保障。其中，以国家保障中的法律法规保障出现的频率最高。《经济、社会和文化权利国际公约》确立了受教育权保障的十大标准，包括平等与不歧视、初等教育义务免费、中等教育普遍设立并对一切人开放、高等教育根据成绩对一切人平等开放、奖学金制度等。为解决残疾儿童的教育问题，我国先后颁布实施了《中华人民共和国义务教育法》《中华人民共和国残疾人保障法》《中华人民共和国残疾人教育条例》《国务院关于基础教育改革与发展的决定》《面向21世纪教育振兴行动计划》《中国残疾人事业“十五”计划纲要》等多部法律、法规和相关政策来保障残疾儿童的受教育权。

关于学校保障的文献集中在义务教育阶段，包括对残疾儿童、农村儿童物质、精神和安全层面的保障。万胜指出，改善特殊儿童受教育现状必须做到以下两个方面：① 加大特殊教育学校创建力度，鼓励特殊儿童入学；② 平衡教育资源的分配，缓解地域教育资源分布失衡状态。[⑤]郭启华提出，要提高学校保障力度，完善随班

① 艾绍文.全纳教育视角下残疾儿童受教育权的实现状况研究[D].太原：山西师范大学，2014.

② 石连海.义务教育阶段残疾儿童受教育权保障的思考[J].中国特殊教育，2010(4)：3-6，17.

③ 李佳勋.农村残疾人受教育权的法制保障[J].教育评论，2010(4)：22-25.

④ 郭启华.安徽省农村残疾儿童教育现状调查[J].绥化学院学报，2015(4)：6-10.

⑤ 万胜.特殊儿童实现平等受教育权之路径思考[J].法制与社会，2015(23)：265-266.

就读制度以保障残疾儿童受教育权。[①]此外，湛中乐也指出，备受热议的“学区房”“择校费”问题背后是教育资源的配置不均衡，建议在师资的均衡发展上，可以借鉴日本、韩国等国家的做法，以法规形式确定教师定期流动的义务，并明确流动程序、范围和期限，取代现在依靠教师觉悟或骨干教师巡回授课的软性制度。[②]

家庭保障往往和学校保障是密不可分的。“送教上门”和“在家上学”是学者较为关注的话题。李学会等人认为送教上门是我国特殊教育体系的组成部分，是保障重度残疾儿童受教育权的途径。特教中心可以发挥送教上门工作组织者的角色，家庭是送教上门工作的切入点，而学校应以参与塑造特殊学生的融合环境为目标。胡劲松、段斌斌主张“在家上学”符合义务教育制度的创立精神，可以成为学校义务教育的补充。“在家上学”行为与其说是儿童少年主动行使受教育权，倒不如说是父母基于监护权代理子女做出教育选择。作为相对权利，其行使必须与儿童少年的最大利益相契合，并避免权利滥用行为、无权行为和过分行为。[③]

已有文献中专门针对残疾儿童社会保障的研究较少，大多集中于改变社会组织和个人对残疾儿童的认识态度，正确对待残疾儿童，减少偏见和歧视。蔡卓倪等在对特殊儿童家庭教育社会支持情况调查分析后指出，应从以下四方面提升特殊儿童的社会保障：① 在全社会倡导关心、尊重有特殊需求人士的良好风气；② 重视人才培养和机构设置，构建特殊教育的技术支持体系；③ 完善社会福利和保障体系；④ 呼吁同类患儿父母发起建构相应的特教团体或联盟，对内提供强大的信息和技术支持，对外通过一系列的活动和宣传，用自己的影响力去赢得社会的关注，获得社会的尊重、认可和支持。[④]

综上可见，残疾儿童受教育权保障的问题已经成为学术界关注的重要问题，各个学科均已经介入该研究领域，研究主题越来越丰富，涉及教育、法律、社会等方面，研究方法日趋多元化。但纵观已有研究，还存在以下问题：① 当前研究未能充分关注和表达儿童自身的声音和现实教育需求，更多关注的是儿童受教育权的法规政策；② 保障机制的研究主要集中在法律保障方面，对经济、思想、教育等其他方面因素的研究少；③ 没有针对农村残疾儿童的专题研究，没有关注到农村残疾儿童群体的特殊性。以上正是本研究所要开拓和创新的地方。

---

① 郭启华.安徽省农村残疾儿童教育现状调查[J].绥化学院学报,2015(4):6-10.

② 湛中乐.公民受教育权的制度保障:兼析《义务教育法》的制定与实施[J].华南师范大学学报(社会科学版),2016(3):56-62,191.

③ 胡劲松,段斌斌.论“在家上学”的权利主体及其权利性质:保障适龄儿童受教育权的视角[J].教育研究与实验,2014(4):50-54.

④ 蔡卓倪,李敏,周成燕.特殊儿童家庭教育社会支持情况调查分析[J].中国特殊教育,2010(12):17-20.

第四节 研究对象与方法

一、研究对象

（一）调查问卷对象

本次问卷调查分为“特殊教育学校基本情况调查”和普通学校“随班就读情况调查”两个部分。

1.“特殊教育学校基本情况”调查对象

本次调查根据典型原则共选取了15所特殊教育学校（以下简称特教学校）。其中，东部、中部、西部地区各5所，每个地区的5所特教学校中又分别包括2所市级特教学校和3所县级特教学校。其中新建校3所，建校时间分别为2010年、2012和2014年。3所新建校中1所在中部，2所在西部。

2.普通学校“随班就读情况”调查对象

随班就读调查对象包括两类：一类是农村普通中小学教师，通过问卷星平台向全国农村中小学教师发放问卷298份，回收有效问卷288份，分别来自北京、上海、江苏、河北、安徽、黑龙江、吉林、西藏、重庆、贵州等地。另一类是农村中小学校长，借助“国培计划——安徽省乡村小学校长研修班”平台，发放问卷60份，回收有效问卷54份，调查对象全部为安徽省各地的农村中小学校长。

（二）访谈对象

本研究访谈对象为发放调查问卷的15所特教学校的校长和部分老师、10名特殊儿童康复机构的教师、20名普通学校教师。

（三）个案研究对象

个案研究对象包括20名农村残疾儿童和两所学校。

20名农村残疾儿童的年龄分布为4～15岁（2018年），其中男性14人、女性6人；具体类型为智力残疾6人、肢体残疾（脑瘫）4人、精神残疾（孤独症）4人、多重残疾6人；教育安置形式为特教学校在读5人、康复机构3人、送教上门10人、随班就读2人。

个案中的两所学校分别为Y县特殊教育学校（民办特殊教育学校）和A市十里中心学校（承担随班就读任务学校）。

二、研究方法

（一）问卷调查法

本研究调查问卷分两个类别：一类用于特殊教育学校的调查，自编了问卷“特殊教育学校情况调查表”（见附录1），主要参考了中国残疾人联合会编写的《中国残疾儿童现状与需求调查研究》和北师大王雁主编的《中国特殊教育教师发展报告2014》，问卷内容包括三个维度，即在校学生情况、教师情况及学校经费、设施情况，其中包括送教上门相关信息。信息时间跨度为2008—2017年。

另一类用于普通学校随班就读的调查，自编了问卷“关于随班就读情况的校长问卷”（见附录2）和“关于随班就读情况的教师问卷”（见附录3），主要参考了《残疾人随班就读工作管理办法》，问卷内容主要包括随班就读学生的安置情况、教师对随班就读的态度、随班就读工作的管理和随班就读环境建设等。

问卷的发放采取了定向和开放发放两种形式，“特殊教育学校情况调查表”指定发放给了15个样本学校；“关于随班就读情况的校长问卷”在校长培训班平台发放；“关于随班就读情况的教师问卷”通过网络公开发放。如此保障了数据回收的质量和数量。

（二）访谈法

本研究在问卷调查的基础上，对农村残疾儿童受教育权的相关问题深入访谈了特殊教育学校、普通学校和残疾儿童康复机构的校长和教师，具体包括对残疾儿童安置方式的态度、残疾儿童康复和教育中存在的问题、对国家特殊教育政策的认识和建议、特教学校办学经费和师资情况；普通学校校长和教师对随班就读的看法；送教上门工作开展中的困难；等等。

访谈由课题组成员根据访谈对象，选择访谈提纲中相应问题进行，并对访谈内容进行记录后整理。访谈提纲见附录4。

（三）个案研究法

本研究对样本特教学校和康复机构的20名农村残疾儿童进行了个案追踪，特教学校的学生包括在校就读和送教上门两类。

由课题组成员和特教学校、康复机构教师一起完成，采用观察、访谈、测验等方式收集数据和文件资料，对残疾儿童的基本信息、家庭情况、学习发展、家长和儿童对教育的态度、社会救助、教育过程等进行全面记录，并在此基础上做进一步研究。

（四）文献研究法

本项目在研究过程中，通过查阅大量的文献资料对有关残疾儿童受教育权的理论和实践研究成果进行了系统学习和分类，为研究方案的设计、调查问卷的编写、研究论文和报告的撰写奠定了良好的基础。

第二章　农村残疾儿童平等受教育权的实现与缺损

我国《残疾人保障法》第二十一条规定："国家保障残疾人享有平等接受教育的权利。"第二十三条规定："残疾人教育应当根据残疾人的身心特性和需要进行。"结合国内学界将公民受教育权分为受教育机会获得权、受教育条件利用权和公正评价获得权的划分方式，本书将残疾儿童的受教育权分为平等受教育权（机会获得权）和适宜受教育权（条件利用权和公正评价权）两个方面。

平等受教育权是指农村残疾儿童获得法律保障的公平受教育机会的权利。我国《教育法》《义务教育法》和《残疾人保障法》等相关法律规定，6～14岁的农村残疾儿童具有接受义务教育的权利和义务，非义务教育年龄的农村残疾儿童亦享有接受学前教育和高中教育的平等机会，且作为特殊群体的残疾儿童在享有受教育权利方面必须得到特别的扶助。本章将从义务教育、学前教育、高中（以及中等职业教育）三个阶段考查农村残疾儿童平等受教育权的实现状况。

第一节　农村残疾儿童接受义务教育的状况

目前我国残疾儿童接受义务教育的安置方式主要有特殊教育学校就读、普通中小学附设特教班就读、普通学校随班就读（以下简称随班就读）、送教上门等。本节主要从特教学校就读、随班就读和送教上门三个方面考查农村残疾儿童接受义务教育的情况。

一、全国一般情况

（一）农村残疾儿童接受义务教育的比例

1. 占农村残疾儿童总数的比例

中国残疾人联合会2007—2013年《残疾人状况及小康进程监测报告》数据显示，2007年以来，6～14岁农村残疾儿童接受义务教育的比例稳步上升，2012年达到71.4%[①]（表2-1）。同时可见，农村残疾儿童接受义务教育比例一直低于城镇及全国平均水平，且城乡差距明显。

表2-1　6～14岁残疾儿童接受义务教育比例

	2007年	2008年	2009年	2010年	2011年	2012年	2013年
城镇(%)	65.6	64.5	73.7	75.7	74.5	74.2	—
农村(%)	63.0	63.7	68.5	70.5	71.5	71.4	—
全国(%)	63.3	63.8	69.5	71.4	72.1	71.9	72.7

2. 占在校残疾儿童总数的比例

通过对教育部2008—2016年教育统计数据分析，全国义务教育阶段特殊教育在校生人数整体呈上升趋势，2016年在校生人数近50万，其中，农村残疾儿童在校生人数近40万，占比82.43%（表2-2）。农村残疾儿童在校生人数占接受义务教育残疾儿童总数的比例明显上升，2016年相比2008年上升了10.13个百分点（图2-1）。[②]

由于统计口径的不同，中国残疾人联合会和教育部的数据差异很大。中国残疾人联合会数据显示，2010年全国学龄残疾儿童为252万人，且接受义务教育比例为71.4%，即近180万。但教育部数据显示2010年全国义务教育阶段残疾儿童在校生人数仅为42.56万。

尽管相关统计数据差异较大，但体现出以下三个共性的特点：一是我国适龄残疾儿童接受义务教育的比例逐年上升；二是我国农村适龄残疾儿童接受义务教育的

① 中国残疾人联合会.关于印发《2012年度残疾人状况及小康进程监测报告》的通知[EB/OL].(2013-06-27)[2018-03-01].http://www.cdpf.org.cn/sjzx/jcbg/201408/t20140812_410999.shtml.

② 教育部.教育统计数据[EB/OL].(2017-8-24)[2018-03-05].http://www.moe.edu.cn/s78/A03/moe_560/jytjsj_2016/.

比例逐年上升，但仍低于城市；三是在接受义务教育的适龄残疾儿童中农村残疾儿童的比例明显上升。

表2-2 义务教育阶段农村残疾儿童在校生人数及比例

年度	2008年	2009年	2010年	2011年	2012年	2013年	2014年	2015年	2016年
农村残疾儿童在校生人数	296119	300624	293712	315494	287327	273761	304572	352072	397052
残疾儿童在校生总人数	409561	419459	415992	391358	368300	358108	384987	432156	481712
占比(%)	72.30	71.67	70.60	80.62	78.00	76.45	79.11	81.47	82.43

注:① 残疾儿童在校生人数包括特殊教育学校、其他学校附设特教班和随班就读的学生。
② 表2-2中农村残疾儿童在校生人数包括县镇和农村残疾儿童数的总和。

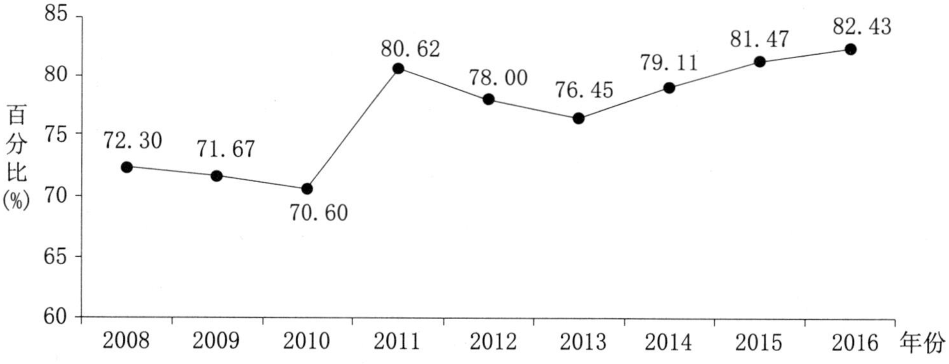

图2-1 2008—2016年义务教育阶段农村残疾儿童在校生比例

（二）各类残疾儿童接受义务教育的比例

教育部统计数据显示，2008年至2016年，在接受义务教育的残疾儿童总体中，视力残疾和听力残疾在校生逐年减少，智力残疾和其他残疾类型人数逐年增加。其中，2015年、2016年两年增幅较大。[①]

尤为值得注意的是，在接受义务教育的各类残疾儿童中，智力障碍残疾儿童比例最高，2013年已超过50%，2016年达到52.98%；视力和听力残疾儿童比例明显下降，自2011年起下降尤为明显，其中听力残疾比例下降近10个百分点；其他残疾（包括言语残疾、肢体残疾、精神残疾、多重残疾等）儿童接受义务教育的比例增加明显，2016年比2008年增长了10.02个百分点（图2-2）。

① 教育部.教育统计数据[EB/OL].(2017-8-24)[2018-03-05].http://www.moe.edu.cn/s78/A03/moe_560/jytjsj_2016/.

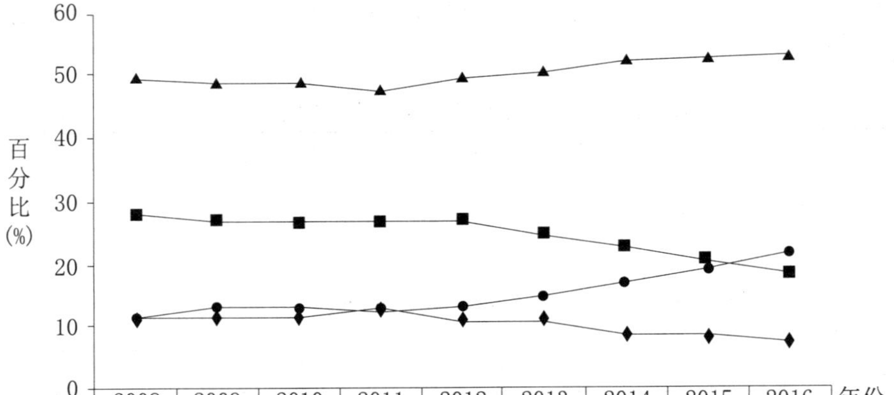

	2008	2009	2010	2011	2012	2013	2014	2015	2016
视力残疾	11.29	11.3	11.54	13.11	10.79	10.89	8.63	8.29	7.34
听力残疾	28.06	26.87	26.44	27	26.69	24.23	22.4	20.23	18.3
智力残疾	49.3	48.55	49.1	47.45	49.29	50.27	52.08	52.48	52.98
其他残疾	11.36	13.25	12.9	12.44	13.23	14.61	16.88	19	21.38

年份

图2-2 2008—2016年义务教育阶段在校残疾儿童类型比例

（三）接受义务教育残疾儿童的性别比例

2008年至2016年，全国特殊教育在校生中男女性别比例基本稳定，其中，女生比例均值为35.1%，相对于“全国残疾人口中，男性占比51.55%，女性占比48.45%。性别比（以女性为100，男性对女性的比例）为106.42”[①]而言，特殊教育在校生中女生比例明显偏低（图2-3）。

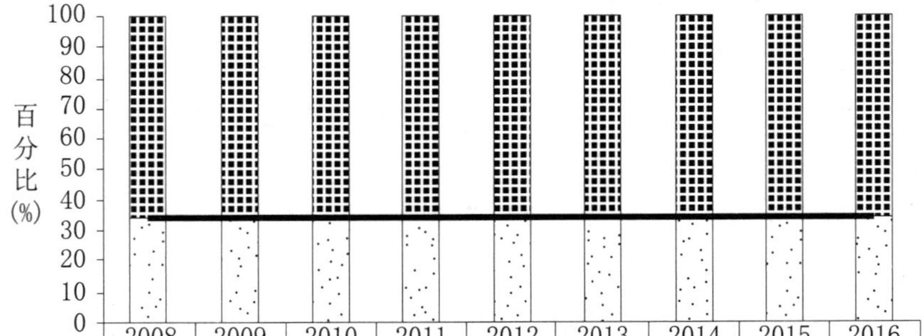

	2008	2009	2010	2011	2012	2013	2014	2015	2016
男生比例	65.56	65.52	65.4	66.04	64.62	64	64.44	64.44	64.06
女生比例	34.44	34.48	34.6	33.96	35.38	36	35.56	35.56	35.94
女生平均比例	35.1	35.1	35.1	35.1	35.1	35.1	35.1	35.1	35.1

年份

图2-3 2008—2016年义务教育阶段在校残疾儿童性别比例

① 第二次全国残疾人抽样调查领导小组，中华人民共和国国家统计局.2006年第二次全国残疾人抽样调查主要数据公报：第二号[EB/OL].(2007-05-28)[2018-03-01].http://www.gov.cn/fwxx/cjr/content_1311943.htm.

（四）特教学校就读的残疾儿童人数及类型比例

2008年至2013年，在特殊教育学校就读的残疾儿童占在校残疾儿童总数的比例整体呈上升趋势，2013年达到最高点，比例为46.71%，2014年后开始下降，但下降幅度不大（图2-4）。

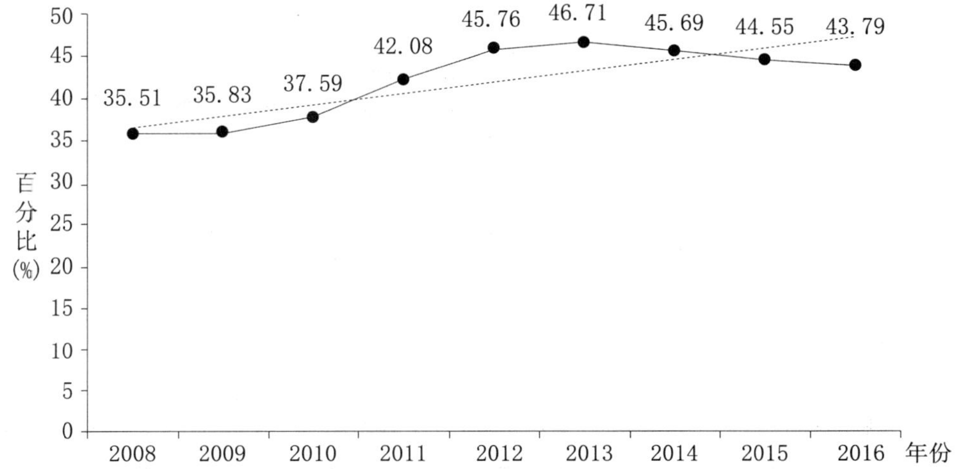

图2-4　2008—2016年特教学校就读残疾儿童占在校残疾儿童总数比例

特殊教育学校学生的残疾类型主要以听力残疾、视力残疾和智力残疾为主。2008年至2016年中智力残疾学生占比大幅提升，由36.26%上升到的66.30%，上升了30个百分点；听力残疾学生比例大幅下降，由2008年的58.15%下降到26.35%；下降了近22个百分点；视力残疾学生比例也呈下降趋势，但变化幅度不大；其他残疾学生呈增加趋势，比例变化亦不大。

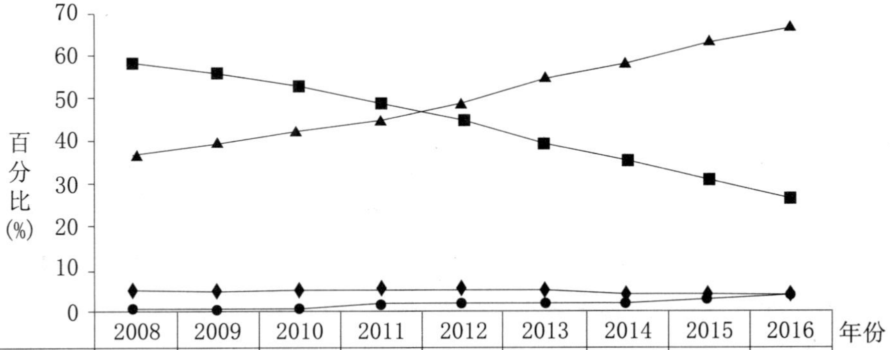

	2008	2009	2010	2011	2012	2013	2014	2015	2016
视力残疾	4.89	5.01	4.97	5.31	4.99	4.53	4.28	3.87	3.72
听力残疾	58.15	55.44	52.16	48.27	44.19	38.96	35.15	30.54	26.35
智力残疾	36.26	38.83	41.92	44.61	48.54	54.22	58.06	62.58	66.30
其他残疾	0.70	0.72	0.96	1.81	2.28	2.29	2.51	3.01	3.80

图2-5　2008—2016年特殊教育学校就读残疾儿童类型比例

（五）随班就读残疾儿童的人数及类型比例

2008年至2013年，在普通中小学随班就读的残疾儿童占在校残疾儿童总数的比例明显下降，由63.31%下降到52.37%，下降近10个百分点；2013年以后有所回升，但上升幅度不大（图2-6）。

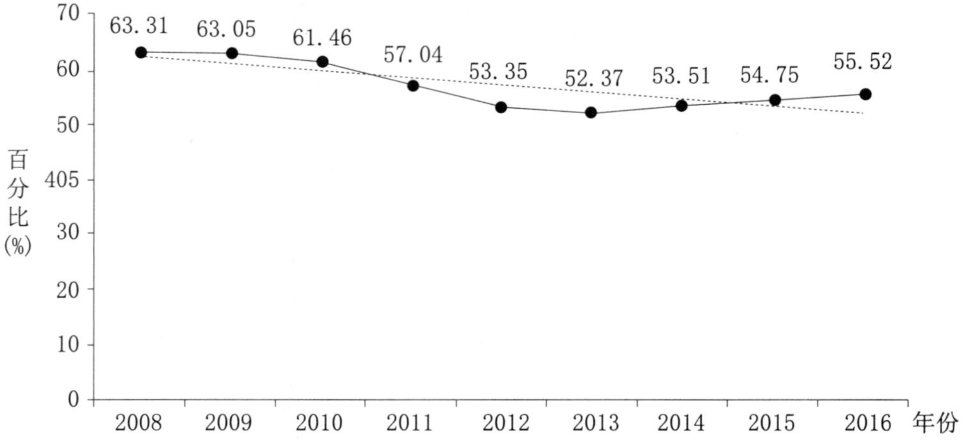

图2-6　2008—2016年义务教育阶段随班就读残疾儿童占在校残疾儿童总数比例

在小学随班就读的残疾儿童中智力残疾占比最高，2008年达到63.34%，以后逐年下降，2016年为46.05%，下降幅度很大；视力残疾整体呈先上升后下降的趋势，于2011年达到最高点14.21%后开始逐年下降；听力残疾9年间均维持在一个较稳定的比例，范围在9%～11%，无明显的波动；其他残疾类型呈逐年上升的趋势，2016年比2008年增长了18个百分点左右，增幅较大（图2-7）。

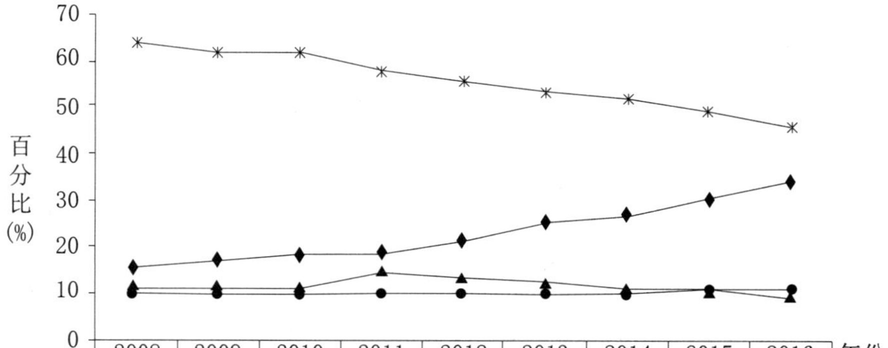

年份	2008	2009	2010	2011	2012	2013	2014	2015	2016
视力残疾	10.78	11.07	11.24	14.21	13.16	12.23	11.11	10.57	9.28
听力残疾	10.29	9.52	9.52	9.8	9.85	9.52	9.86	10.52	10.82
智力残疾	63.34	62.03	61.56	57.47	55.77	53.16	52.08	48.56	46.05
其他残疾	15.59	17.4	17.68	18.51	21.22	25.09	26.95	30.35	33.85

图2-7　2008—2016年小学随班就读残疾儿童类型比例

在初中随班就读的残疾儿童中智力残疾占比最高，2008年达到39.86%，以后逐年下降，2016年为34.97%，下降幅度明显；其他残疾类型整体呈上升的趋势，相比2008年，2016年上涨了近20个百分点，增幅较大；视力残疾整体呈下降的趋势，降幅较大，9年间下降了13.08%；听力残疾9年间年均维持在一个较低的比例，范围在8%～11%，无明显的波动（图2-8）。

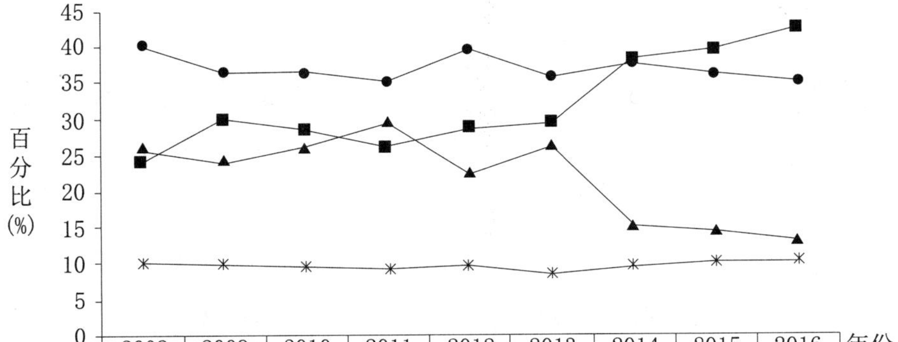

	2008	2009	2010	2011	2012	2013	2014	2015	2016
视力残疾	25.83	24.09	26.02	29.49	22.35	26.39	14.99	14.71	12.75
听力残疾	10.36	9.82	9.04	9.29	9.67	8.37	9.5	9.85	10.13
智力残疾	39.86	36.32	36.42	35.17	39.44	35.6	37.47	35.97	34.97
其他残疾	23.95	29.76	28.52	26.04	28.54	29.63	38.04	39.46	42.15

图2-8　2008—2016年初中随班就读残疾儿童类型比例

（六）未入学残疾儿童人数及类型比例

数据显示，2008年至2014年未入学残疾儿童数量急剧下降，由2008年的2万余人下降到8000多人（图2-9）。[①] 2008年以来残疾人联合会（以下简称残联）和教育部门大力推进未入学适龄残疾儿童实名登记工作，结果显示，近70%属于重度残疾，80%左右在农村。[②]

在未入学残疾儿童中，占比最高的是智力残疾，2014年最高达33.17%，其次为肢体残疾，2012年最高达31.47%；这两种类型自2008年开始整体均呈上升的趋势，2013年后智力残疾开始超过肢体残疾。

视力残疾和听力残疾占比比较接近，且均呈下降的趋势，7年间下降了近10个百分点，降幅较大。多重残疾从2008年到2013年占比变化不大，均在12%～15%，2014年大幅度下降到6.17%。言语残疾和精神残疾所占比例均较低，言语残疾占比

① 中国残疾人联合会.年度数据[EB/OL].(2016-12-30)[2018-03-05].http://www.cdpf.org.cn/sjzx/sjcx/ndsj/.

② 教育部基础教育二司.特殊教育改革发展的下一步工作思路[EB/OL].(2015-11-30)[2018-03-05].http://www.moe.edu.cn/jyb_xwfb/xw_fbh/moe_2069/xwfbh_2015n/xwfb_151130/151130_sfcl/201511/t20151130_221696.html.

呈下降的趋势，于2014年下降到最低点5.48%，精神残疾呈先下降后上升的趋势，但波动幅度较小，转折点位为2012年，占比为3.88%（图2-10）。

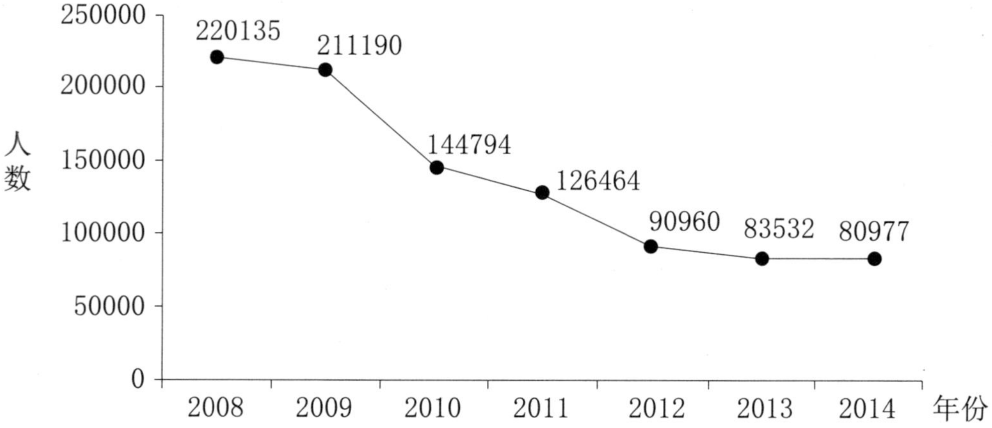

图2-9　2008—2014年未入学残疾儿童人数

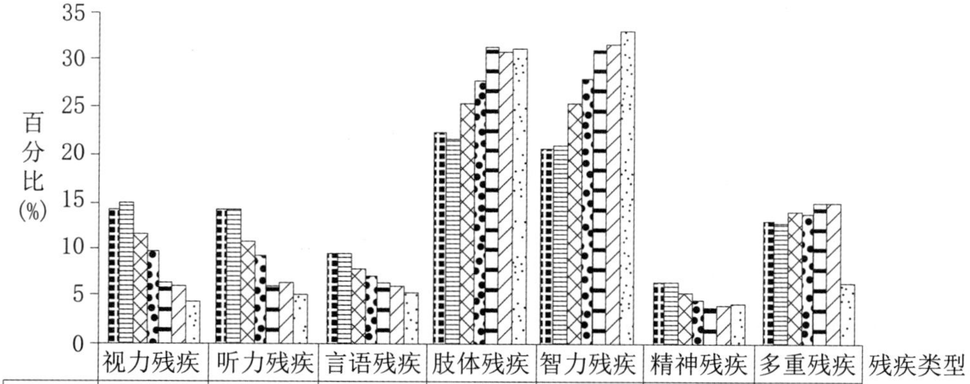

	视力残疾	听力残疾	言语残疾	肢体残疾	智力残疾	精神残疾	多重残疾
2008	14.04	14.16	9.38	22.37	20.6	6.54	12.9
2009	14.89	13.96	9.41	21.59	20.88	6.48	12.78
2010	11.39	10.63	7.83	25.41	25.33	5.45	13.95
2011	9.67	9.23	7.09	27.85	27.95	4.59	13.62
2012	6.24	6.33	6.21	31.47	30.96	3.88	14.92
2013	6	6.52	6.07	30.86	31.65	4.09	14.82
2014	4.47	5.3	5.48	31.26	33.17	4.15	6.17

图2-10　2008—2014年未入学残疾儿童类型比例

二、调查结果

（一）特教学校情况

本次调查根据典型原则，依据地域分布，从东、中、西部地区各选取了5所特教学校，其中2所市级学校、3所县级学校，通过将15所特殊教育学校的调查数据与全国一般情况做比对，将东、中、西部三个地域的特教学校相互进行比对，以及将每个特教学校10年间的发展变化进行比对，来分析农村残疾儿童平等受教育权的实现状况。

1. 义务教育阶段农村户籍残疾学生人数及比例

由图2-11可见，东部5所特教学校义务教育阶段农村学生数差异较大，东1学校10年间农村学生数在220人至330人，东2学校最少的一年只有66人；东1学校农村学生数自2010年开始呈下降趋势，东5学校则呈持续上升趋势，且人数增长较快，2017年是2008年的2.7倍；其余几所学校农村学生数10年间变化不大，并基本保持在100人左右（图2-11）。5所特教学校农村学生比例均在70%以上，东1学校占比最高为78.57%，东4学校占比最低为71.77%（图2-12）。

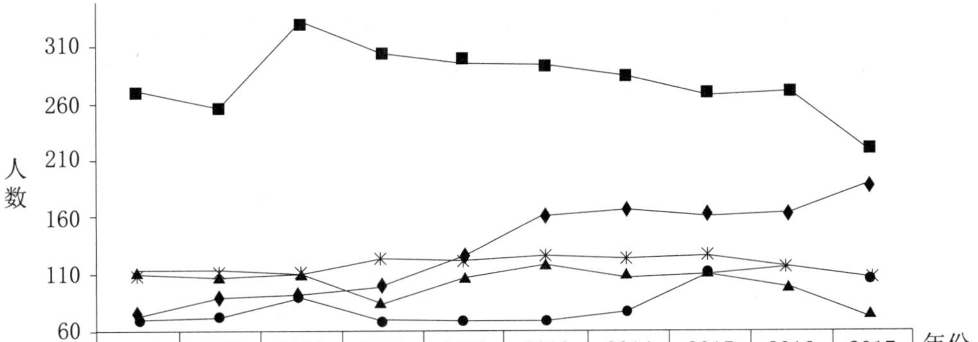

	2008	2009	2010	2011	2012	2013	2014	2015	2016	2017
东1	267	255	330	302	296	292	281	267	267	220
东2	70	69	88	66	69	67	74	111	115	104
东3	108	105	107	123	119	124	122	126	114	107
东4	112	110	109	83	104	117	107	109	97	70
东5	70	87	89	97	123	161	164	160	162	187

图2-11　2008—2017年东部5所样本学校义务教育阶段农村学生数

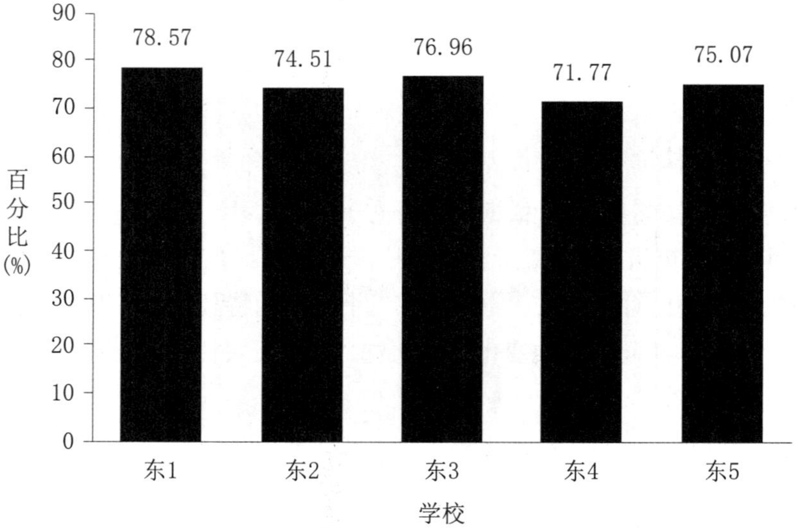

图2-12　东部5所样本学校义务教育阶段农村学生比例

由图2-13可知，中部5所特教学校义务教育阶段农村学生数差异明显，中1学校10年间农村学生数在160人至220人，中3学校农村学生人数增长迅速，2017年是2008年的4.7倍，中2和中4两所学校农村学生人数10年间变化不大，都在100人以下。中5学校为新建校，2014年开始招生，农村学生数增长较快，2017年是2014年的2.6倍，人数接近100，超过了中2和中4两所学校。5所特教学校农村学生比例均在65%以上，中4学校占比最高为91.41%，中5学校占比最低为65.12%（图2-14）。

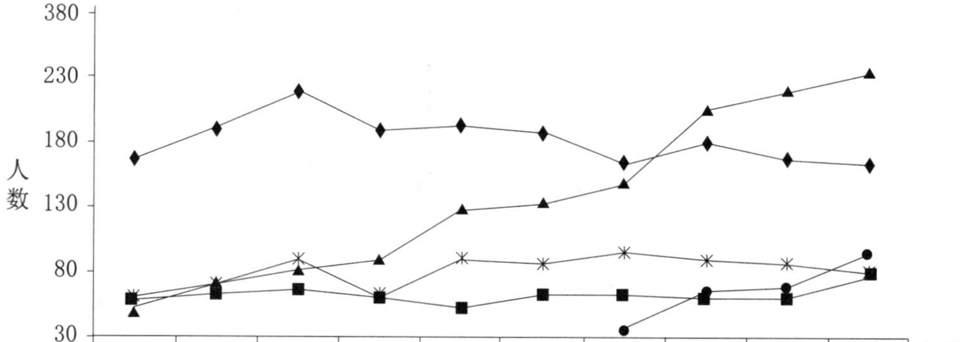

	2008	2009	2010	2011	2012	2013	2014	2015	2016	2017
中1	167	189	218	190	193	187	164	179	165	162
中2	56	62	64	60	53	61	61	60	59	76
中3	50	69	79	88	127	133	147	205	219	233
中4	59	69	88	58	90	86	94	87	87	79
中5	—	—	—	—	—	—	36	63	66	95

图2-13　2008—2017年中部5所样本学校义务教育阶段农村学生数

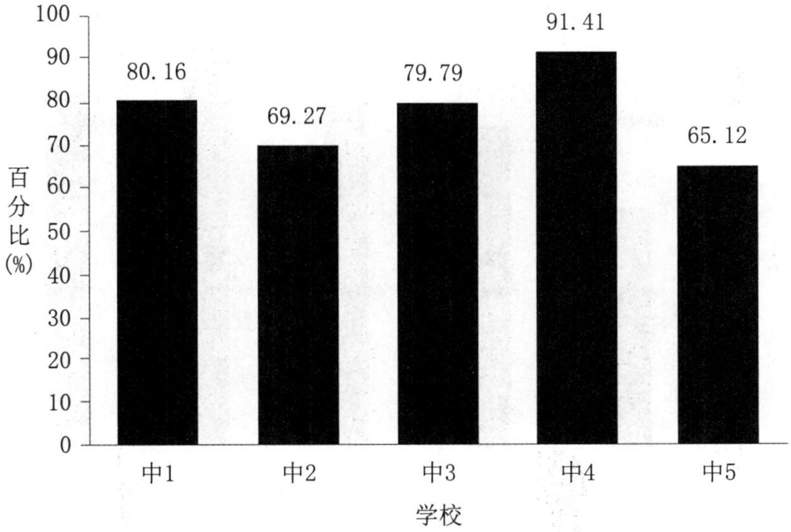

图2-14　中部5所样本学校义务教育阶段农村学生比例

由图2-15可知，除西1学校外，西部其余4所特教学校义务教育阶段农村学生数10年间整体呈上升趋势，且增长明显，其中西4学校2017年农村学生人数是2010年的6.9倍，西2学校2017年农村学生人数是2008年的2.9倍，西5学校2017年农村学生人数是2012年的3.3倍。西1学校10年间农村学生数徘徊在50至90人，且自2012年开始呈逐年下降趋势。西部5所特教学校中农村学生比例最高的为西4学校，比例为95.93%；西1学校占比最低为55.86%；其余3所学校农村学生比例均在75%以上（图2-16）。

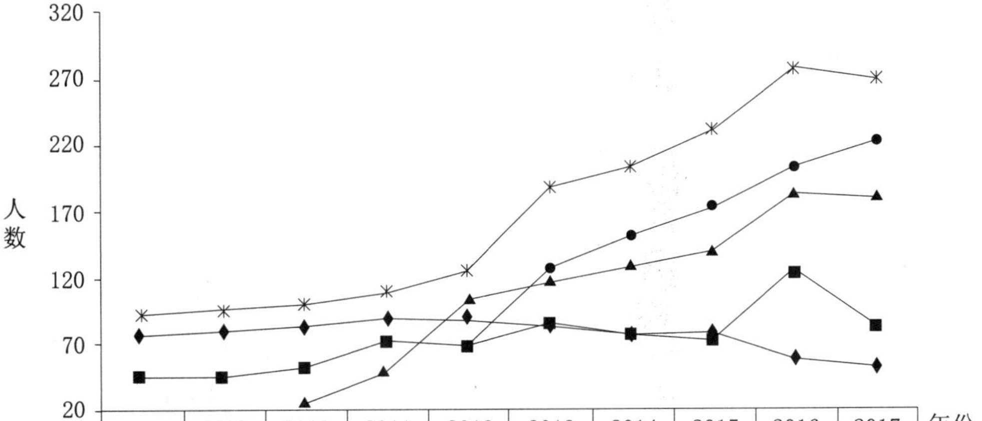

	2008	2009	2010	2011	2012	2013	2014	2015	2016	2017
西1	75	80	81	89	87	83	76	75	59	53
西2	92	95	101	109	123	187	202	230	275	268
西3	45	45	53	71	68	85	76	72	124	81
西4	—	—	26	48	101	118	126	140	183	179
西5	—	—	—	—	68	126	152	172	204	222

图2-15　2008—2017年西部5所样本学校义务教育阶段农村学生数

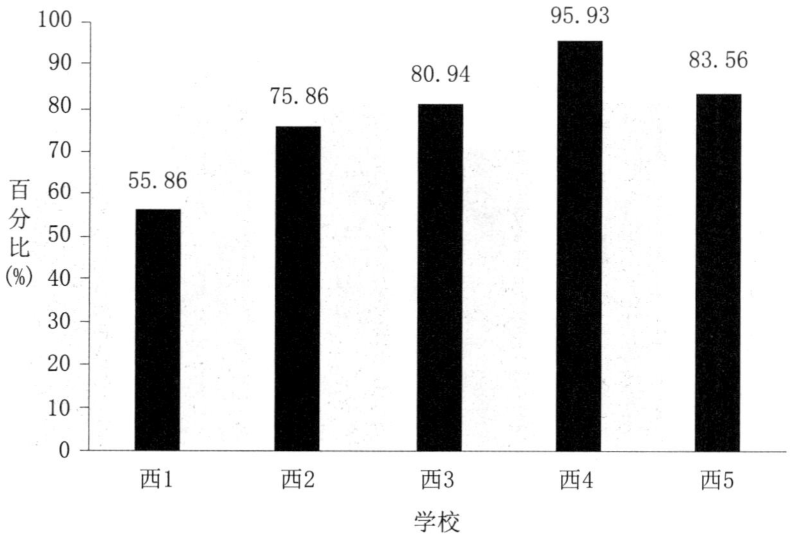

图2-16　西部5所样本学校义务教育阶段农村学生比例

2. 义务教育阶段各残疾类型学生比例

(1) 听力残疾学生比例

由图2-17可知，东部5所特教学校的农村学生中听力残疾学生比例整体呈下降的趋势，2008年东1、东2和东3三所学校的听力残疾学生比例均高达40%以上，2010年后下降明显，2017年东1学校的听力残疾学生占28.1%，东3学校仅为14.02%，下降了26.65%；其余两所学校也呈明显下降趋势，2017年听力残疾学生比例最低的东5学校仅为6.4%。

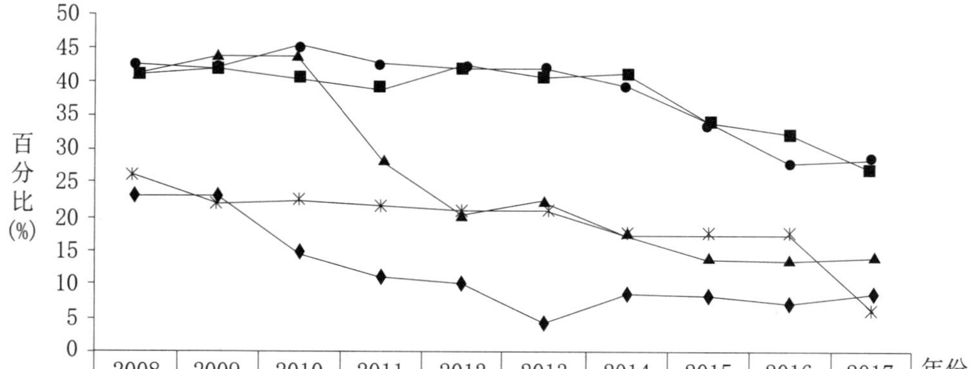

	2008	2009	2010	2011	2012	2013	2014	2015	2016	2017
东1	42.5	42.1	45.3	42.7	42	41.8	39.1	33.6	28.1	28.1
东2	40.7	42.2	40.4	38.9	42.2	40.9	41	33.8	32.1	27.1
东3	40.67	43.8	43.92	28.46	20.17	22.58	17.21	13.49	13.16	14.02
东4	23.03	23.33	14.67	11.02	9.77	4.4	8.67	8.55	7.19	9
东5	25.7	21.8	22.5	21.7	21.1	21.1	17.1	17.5	17.3	6.4

图2-17　2008—2017年东部5所样本学校义务教育阶段听力残疾学生比例

由图2-18可知，中部5所特教学校的农村学生中听力残疾学生比例全部呈下降趋势，且下降幅度很大，其中，中3学校10年间下降了89.27%，中2学校10年间下降了84.47%。

2012年之前5所学校听力残疾学生比例校间差异较大，2015年后，除中1学校的比例仍在35.8%以外，其余4所学校的听力残疾学生比例均在20%以下，且继续下降。

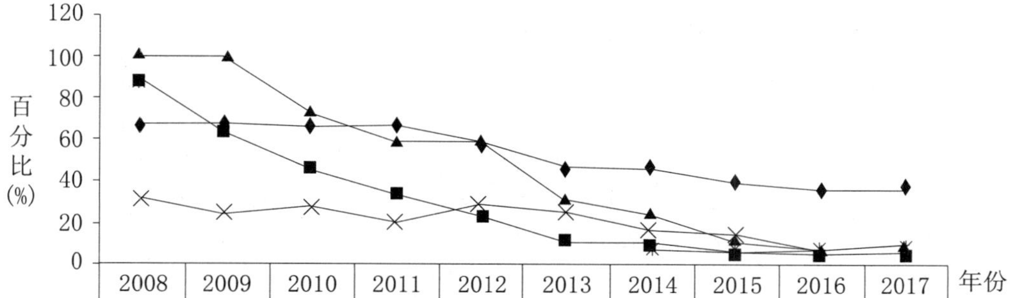

	2008	2009	2010	2011	2012	2013	2014	2015	2016	2017
中1	66.47	68.25	65.6	66.32	57.51	46.52	45.73	39.11	35.76	35.8
中2	88.89	62.5	45.78	33.33	22.5	10.99	10.31	5.05	5.32	4.42
中3	100	100	73.42	57.95	58.27	30.07	23.81	10.73	5.92	10.73
中4	31.25	23.46	28	19.12	28.43	24.73	16.83	13.33	5.56	7.32
中5	—	—	—	—	—	—	8.33	9.52	7.58	5.26

图2-18　2008—2017年中部5所样本学校义务教育阶段听力残疾学生比例

由图2-19可知，西部5所特教学校的农村学生中听力残疾学生比例10年间变化不大，西2和西4两所学校的听力残疾学生比例较高，2010年分别为76.24%和88.46%，西1学校听力残疾学生比例较低，一直在10%以下，有数据的（下同）最低的2015年仅为2.9%。

5所学校听力残疾学生比例的校间差异较大，西2、西4学校仍以听力残疾在校生为主，其他3所学校综合化趋势明显。

（2）视力残疾学生比例

由图2-20可知，在东部5所特教学校中仅3所学校有视力残疾学生就读，且整体比例不高，校间差异较大。

在东1学校就读的视力残疾学生比例最高，10年间变化幅度不大，徘徊在16%至20%；东4学校10年间只有1名视力残疾学生，占比不足1%。

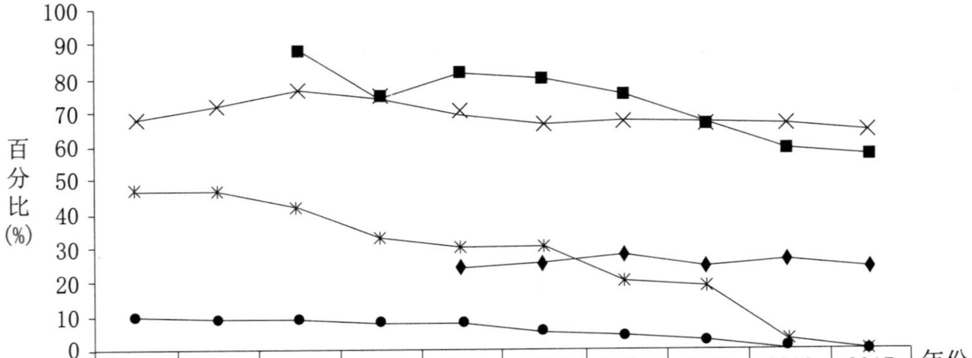

	2008	2009	2010	2011	2012	2013	2014	2015	2016	2017
西1	9. 38	9. 16	8. 76	7. 89	8. 22	5. 41	4. 26	2. 9	0	0
西2	67. 39	71. 58	76. 24	73. 39	69. 11	65. 76	66. 83	65. 65	65. 45	63. 43
西3	46. 67	46. 67	41. 51	32. 39	29. 41	30. 59	19. 74	18. 06	3. 23	0
西4	—	—	88. 46	72. 92	81. 19	78. 81	74. 6	66. 42	58. 47	56. 98
西5	—	—	—	—	23. 53	24. 6	27. 63	24. 42	25. 98	23. 87

图2-19　2008—2017年西部5所样本学校义务教育阶段听力残疾学生比例

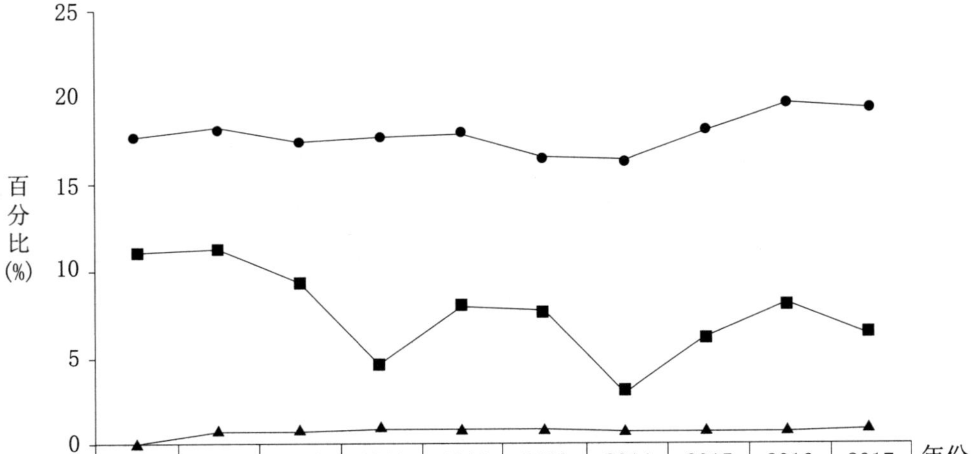

	2008	2009	2010	2011	2012	2013	2014	2015	2016	2017
东1	17. 5	18. 18	17. 33	17. 66	17. 86	16. 38	16. 18	18. 07	19. 56	19. 38
东2	10. 91	11. 11	9. 17	4. 44	7. 78	7. 53	2. 86	6. 08	8. 02	6. 25
东4	0	0. 67	0. 67	0. 85	0. 75	0. 63	0. 67	0. 66	0. 72	0. 9

图2-20　2008—2017年东部5所样本学校义务教育阶段视力残疾学生比例

由图2-21可知，在中部5所特教学校中仅3所学校有视力残疾学生就读，且校间差异较大。中1学校视力残疾学生比例10年间变化幅度不大，徘徊在27%至41%；中2、中5两所学校的视力残疾学生人数很少，比例较低，年度变化不大。

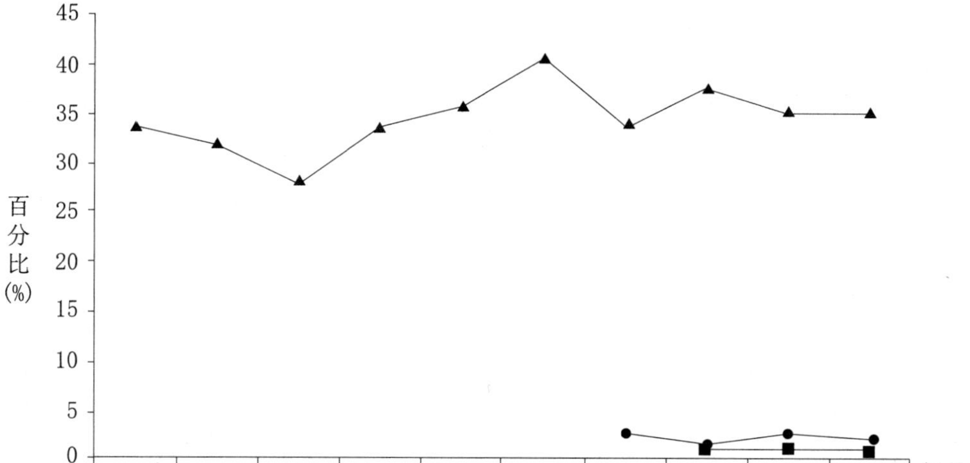

	2008	2009	2010	2011	2012	2013	2014	2015	2016	2017
中1	33.53	31.75	27.98	33.68	35.75	40.64	34.15	37.43	35.15	35.19
中2	—	—	—	—	—	—	—	1.01	1.06	0.89
中5	—	—	—	—	—	—	2.78	1.59	3.03	2.11

图2-21　2008—2017年中部5所样本学校义务教育阶段视力残疾学生比例

由图2-22可知，西2和西3两所学校视力残疾学生的比例10年间呈明显下降趋势，分别由2008年的32.61%和20%下降到11.94%和4.94%；西1学校视力残疾学生人数很少，占比在3%左右；西4学校地处民族地区，2010年开始招生，视力残疾学生的比例呈起伏变化态势，整体比例在20%以下；西5学校没有视力残疾学生。

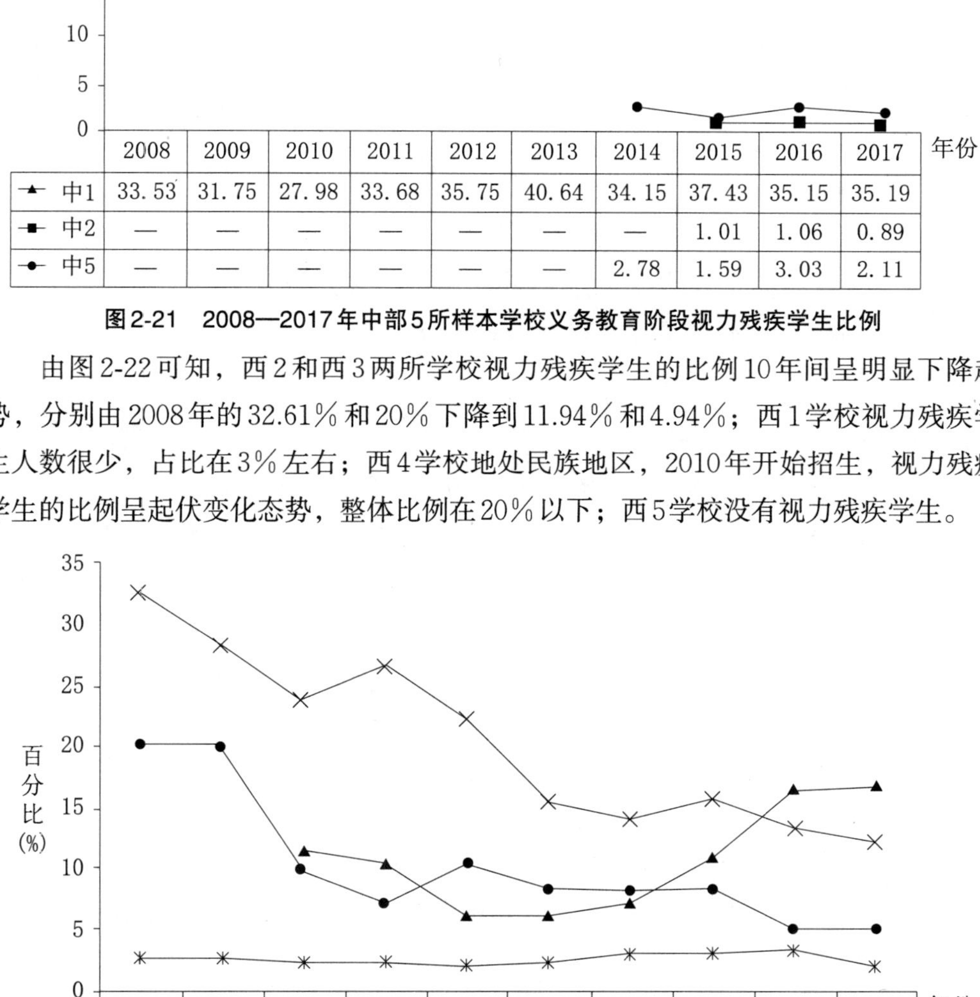

	2008	2009	2010	2011	2012	2013	2014	2015	2016	2017
西1	2.34	2.29	2.19	1.97	2.05	2.03	2.84	2.9	3.39	1.82
西2	32.61	28.42	23.76	26.61	21.95	15.51	13.86	15.65	13.09	11.94
西3	20	20	9.43	7.04	10.29	8.24	7.9	8.33	4.84	4.94
西4	—	—	11.54	10.42	5.94	5.93	7.14	10.71	16.39	16.76

图2-22　2008—2017年西部5所样本学校义务教育阶段视力残疾学生比例

（3）智力残疾学生比例

由图2-23可知，除东4学校智力残疾学生比例起伏较大，并于2017明显下降之外，东部5所特教学校智力残疾学生比例总体呈上升趋势，上升时间节点为2011年，其中东3学校在2011年和2012年上升非常明显，整体增幅达26.7%。5所特教学校的智力残疾学生比例普遍较高，最高的达93.58%，最低的也近40%。

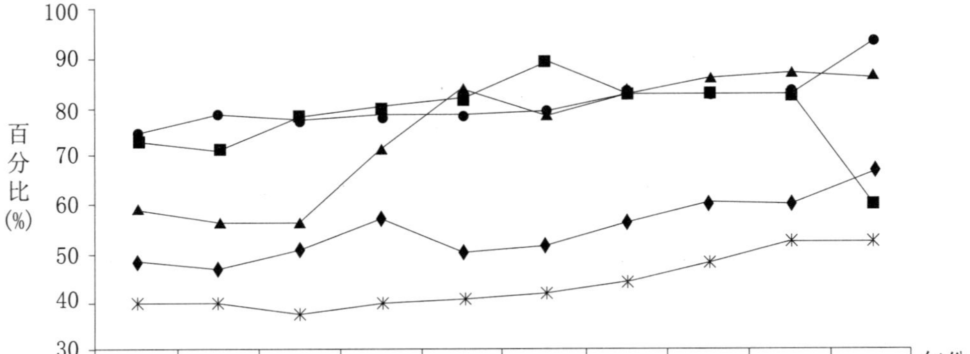

	2008	2009	2010	2011	2012	2013	2014	2015	2016	2017
东1	40	39.74	37.33	39.67	40.66	41.81	43.82	48.29	52.37	52.51
东2	48.35	46.67	50.46	56.67	50	51.61	56.19	60.14	59.88	66.67
东3	59.32	56.19	56.07	71.54	84.03	77.42	82.79	86.51	86.84	85.98
东4	73.03	71.33	78	79.66	81.95	89.31	82.67	82.89	82.01	60.36
东5	74.29	78.16	77.53	78.35	78.86	78.88	82.93	82.5	82.72	93.58

图2-23　2008—2017年东部5所样本学校义务教育阶段智力残疾学生比例

由图2-24可知，中部5所特教学校智力残疾学生比例总体呈上升趋势，且除中4学校外，其他4所学校上升幅度很大，最高的中2学校上升了63.23%，中3学校也增长了近50个百分点。中1、中3两所学校分别于2012年和2010年开始招收智力残疾学生，中1学校的智力残疾学生比例相对较低，2017年为29.01%；中5学校为新建校，2014年首次招生，且主要以智力残疾学生为主，到2017年智力残疾学生所占比例近85%。

由图2-25可知，西部5所特教学校智力残疾学生比例总体变化不大，但校间差异明显，最高的西1学校2017年智力残疾学生达到90%，而西2学校比例仅为12.31%，西4学校在20%左右。西2学校从2012年才开始招收智力残疾学生，西4、西5学校为新建校，分别从2011年和2012年开始招收智力残疾学生，西5学校的智力残疾学生比例较高，各年度均在60%以上。

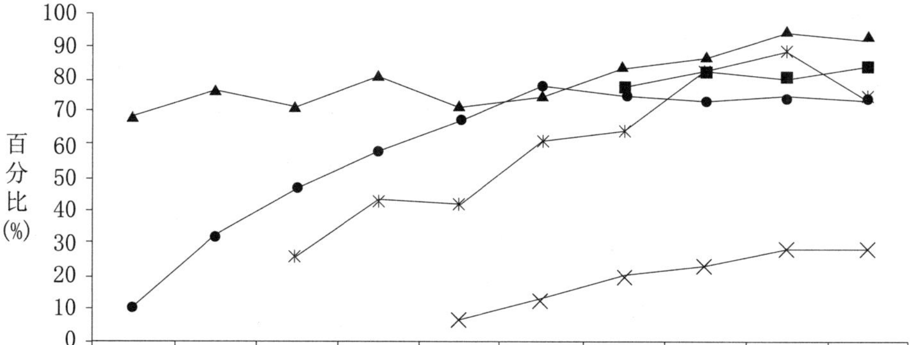

	2008	2009	2010	2011	2012	2013	2014	2015	2016	2017 年份
✕ 中1	—	—	—	—	6.74	12.83	20.12	23.46	29.09	29.01
● 中2	11.11	32.5	46.99	58.02	67.5	78.02	75.26	73.74	74.47	74.34
✳ 中3	—	—	26.58	42.05	41.73	60.9	64.63	82.93	88.13	74.69
▲ 中4	68.75	76.54	72	80.88	71.57	75.27	83.17	86.67	94.44	92.68
■ 中5	—	—	—	—	—	—	77.78	82.54	80.3	84.21

图2-24　2008—2017年中部5所样本学校义务教育阶段智力残疾学生比例

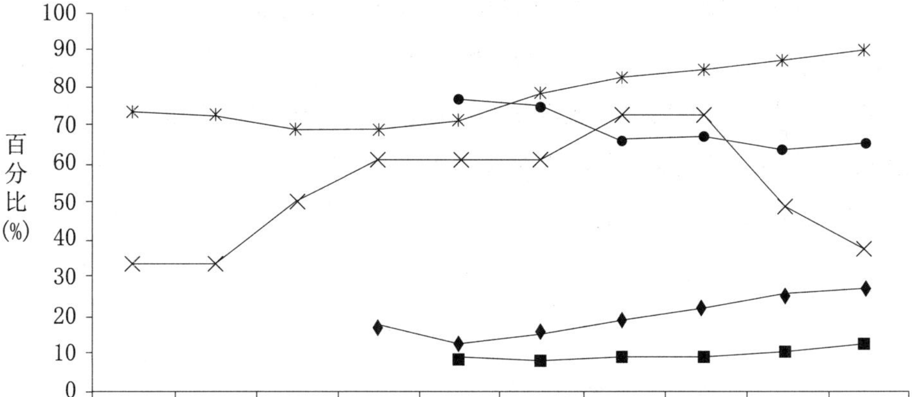

	2008	2009	2010	2011	2012	2013	2014	2015	2016	2017 年份
✳ 西1	73.44	72.52	68.61	69.08	70.55	78.38	82.98	84.06	87.29	90
■ 西2	—	—	—	—	8.94	8.02	8.91	8.7	10.55	12.31
✕ 西3	33.33	33.33	49.06	60.56	60.29	61.18	72.37	72.22	48.39	37.04
◆ 西4	—	—	—	16.67	12.87	15.25	18.25	22.14	25.13	26.26
● 西5	—	—	—	—	76.47	75.4	65.79	66.86	63.24	64.86

图2-25　2008—2017年西部5所样本学校义务教育阶段智力残疾学生比例

（4）其他残疾比例

① 言语残疾：由图2-26可知，15所样本学校中仅有4所学校有言语残疾学生，且人数普遍较少，比例较小，比例变化没有明显规律。4所学校中仅东4和西1两所学校10年间均有言语残疾学生，中2学校和中5学校则分别于2011年和2014年后开

始接收言语残疾学生。

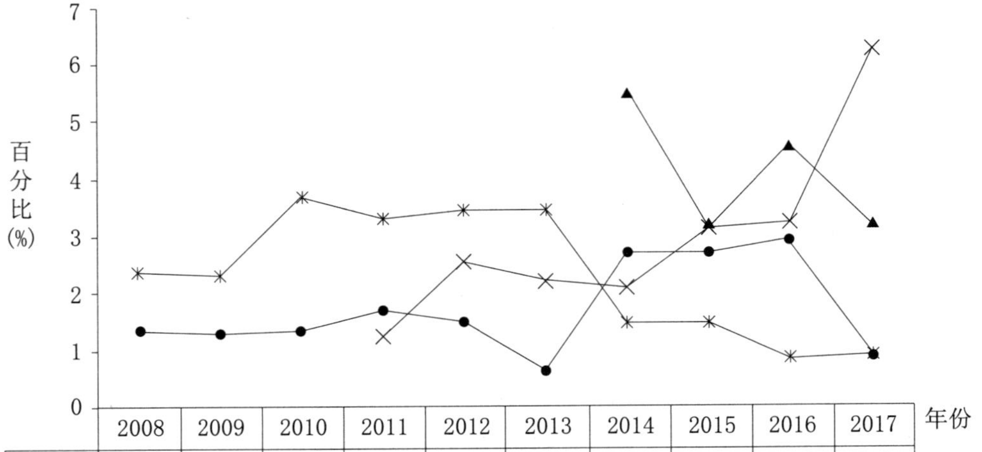

	2008	2009	2010	2011	2012	2013	2014	2015	2016	2017
东4	1.32	1.33	1.33	1.69	1.5	0.63	2.67	2.63	2.88	0.9
中2	—	—	—	1.23	2.5	2.2	2.06	3.03	3.19	6.19
中5	—	—	—	—	—	—	5.56	3.17	4.55	3.16
西1	2.34	2.29	3.65	3.29	3.42	3.38	1.42	1.45	0.85	0.91

图2-26 2008—2017年15所样本学校义务教育阶段言语残疾学生比例

② 肢体残疾：由图2-27可知，15所样本学校中仅有4所学校有肢体残疾学生，且肢体残疾学生人数普遍较少，比例较小，比例变化没有明显规律。4所学校中仅东4和西1两所学校10年间均有肢体残疾学生，中2学校和西3学校则分别于2009年和2015年后开始接收肢体残疾学生。

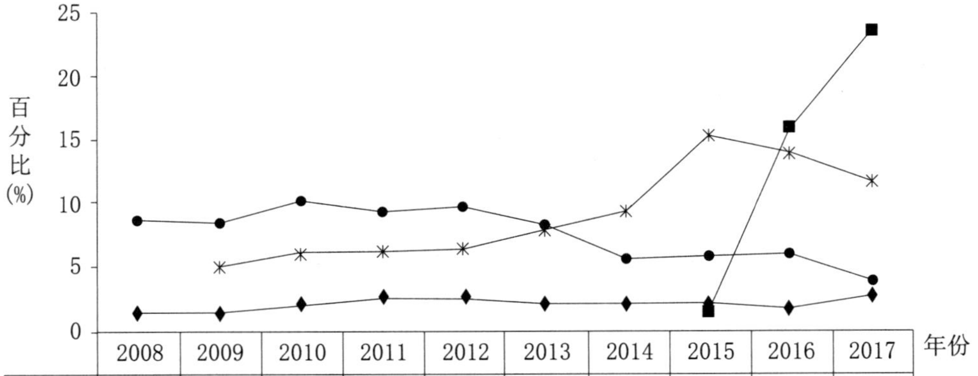

	2008	2009	2010	2011	2012	2013	2014	2015	2016	2017
东4	1.32	1.33	2	2.54	2.26	1.89	2	1.97	1.44	2.7
中2	—	5	6.02	6.17	6.25	7.69	9.29	15.15	13.83	11.5
西1	8.59	8.4	10.22	9.21	9.59	8.1	5.67	5.8	5.93	3.64
西3	—	—	—	—	—	—	—	1.39	16.13	23.46

图2-27 2008—2017年15所样本学校义务教育阶段肢体残疾学生比例

③ 精神残疾：由图2-28可知，15所样本学校中有5所学校有精神残疾学生，人数普遍较少，比例均在6%以下。且学生在校稳定性不高，部分精神残疾学生在学时间很短，学生变动较大，如西3学校仅在2016年有精神残疾学生在校。除东4学校10年间一直有精神残疾学生外，其他几所学校招收精神残疾学生时间都在2010年以后，甚至更晚。需要注意的是，在精神残疾中，自闭症学生所占比例较高，但在过去很长时间内由于各种原因许多特教学校拒收自闭症学生，近年来自闭症患病率不断提高，在国家政策支持下特教学校逐渐开始接收自闭症学生，但总体数量尚不多。

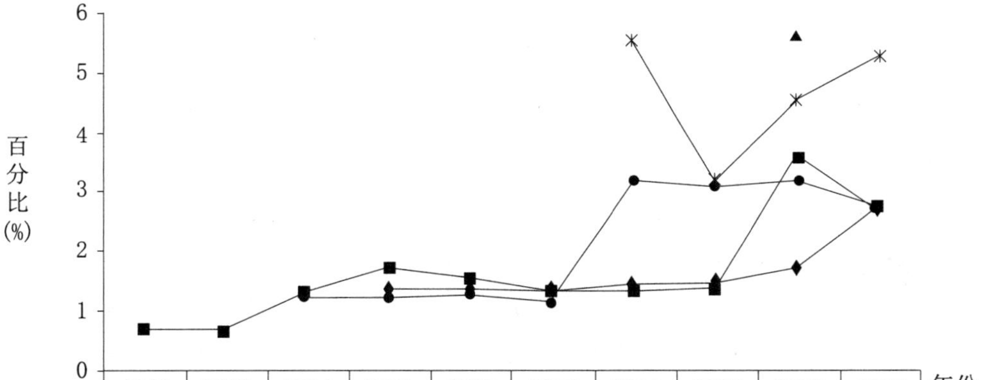

	2008	2009	2010	2011	2012	2013	2014	2015	2016	2017
东4	0.66	0.67	1.33	1.69	1.5	1.26	1.33	1.32	3.6	2.7
中2	—	—	1.2	1.23	1.25	1.1	3.1	3.03	3.19	2.65
中5	—	—	—	—	—	—	5.56	3.17	4.55	5.26
西1	—	—	—	1.32	1.37	1.35	1.42	1.45	1.69	2.73
西3	—	—	—	—	—	—	—	—	5.65	—

图2-28　2008—2017年15所样本学校义务教育阶段精神残疾学生比例

④ 多重障碍：由图2-29可知，15所样本学校中有6所学校有多重残疾学生，除东4和西1两所学校10年间均有多重残疾学生外，其余学校招收多重残疾学生的时间均在2013年以后，占比普遍较低。6所学校中多重残疾学生的比例整体呈上升趋势，2017年最高的比例已达到34.57%，这和我国推进残疾儿童义务教育普及的政策密切相关，因大多数多重残疾儿童的残疾程度普遍较重，所以之前都很难入学。

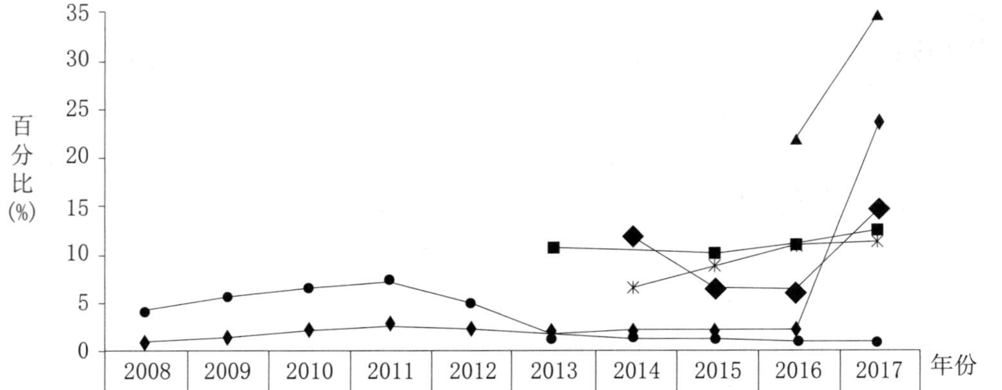

	2008	2009	2010	2011	2012	2013	2014	2015	2016	2017
东4	0.66	1.33	2	2.54	2.26	1.89	2	1.97	2.16	23.42
中3	—	—	—	—	—	—	11.56	6.34	5.94	14.59
西1	3.9	5.34	6.57	7.24	4.79	1.35	1.42	1.45	0.85	0.91
西2	—	—	—	—	—	10.7	10.4	10	10.9	12.31
西3	—	—	—	—	—	—	—	—	21.77	34.57
西5	—	—	—	—	—	—	6.58	8.72	10.78	11.26

图2-29　2008—2017年15所样本学校义务教育阶段多重残疾学生比例

3. 残疾学生性别比例

全国特殊教育在校生中女生比例为35.1%，样本学校中9所学校女生比例超过全国平均值；15所样本学校在校生女生平均比例为37.47%，亦超过全国平均值（图2-30）。但相对于“全国残疾人口中，男性占比51.55%，女性占比48.45%，性别比（以女性为100，男性对女性的比例）为106.42[①]”而言，特殊教育在校生中女生比例明显偏低。

（二）随班就读学校情况

本次调查采用自编“关于随班就读情况的教师问卷”，面向全国农村中小学教师进行调查，回收有效问卷288份，分别来自北京、上海、江苏、河北、安徽、黑龙江、吉林、西藏、重庆、贵州等地。统计结果如下：

1. 中小学随班就读学生数量情况

由图2-31可知，70.83%的被调查农村小学有残疾儿童随班就读，其中，学校中残疾学生总数超过5人的达18.4%，4～5人的有6.25%，1～3人的为46.18%。农村初中有随班就读残疾学生的比例为77.78%，每所学校的随班就读学生数量不等，以1～3人为主，占比68.52%；4～5人占比最少，为3.7%；5人以上的占比5.56%

① 第二次全国残疾人抽样调查领导小组，中华人民共和国国家统计局.2006年第二次全国残疾人抽样调查主要数据公报：第二号[EB/OL].(2007-05-28)[2018-03-01].http://www.gov.cn/fwxx/cjr/content_1311943.htm.

（图 2-32）。可见，农村中小学校接收残疾儿童随班就读的比例较高。

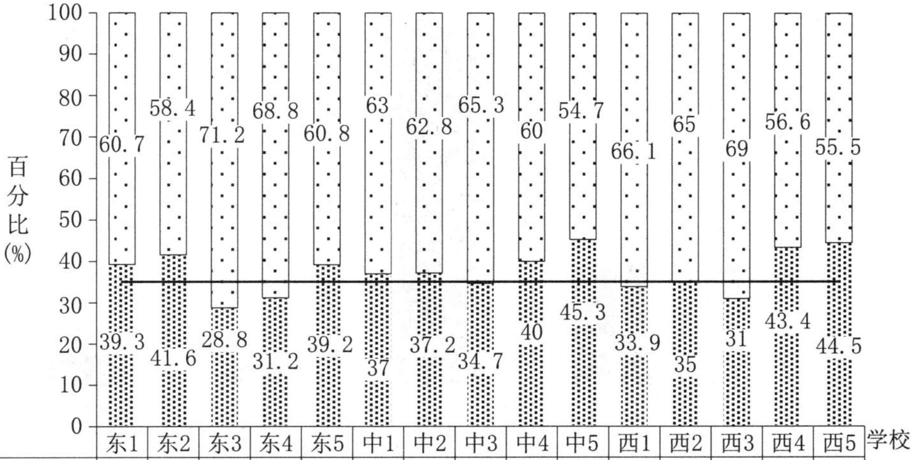

	东1	东2	东3	东4	东5	中1	中2	中3	中4	中5	西1	西2	西3	西4	西5
⊡男生比例(%)	60.7	58.4	71.2	68.8	60.8	63	62.8	65.3	60	54.7	66.1	65	69	56.6	55.5
∷女生比例(%)	39.3	41.6	28.8	31.2	39.2	37	37.2	34.7	40	45.3	33.9	35	31	43.4	44.5
—女生全国平均值(%)	35.1	35.1	35.1	35.1	35.1	35.1	35.1	35.1	35.1	35.1	35.1	35.1	35.1	35.1	35.1

图 2-30　15 所样本学校义务教育阶段农村学生性别比例

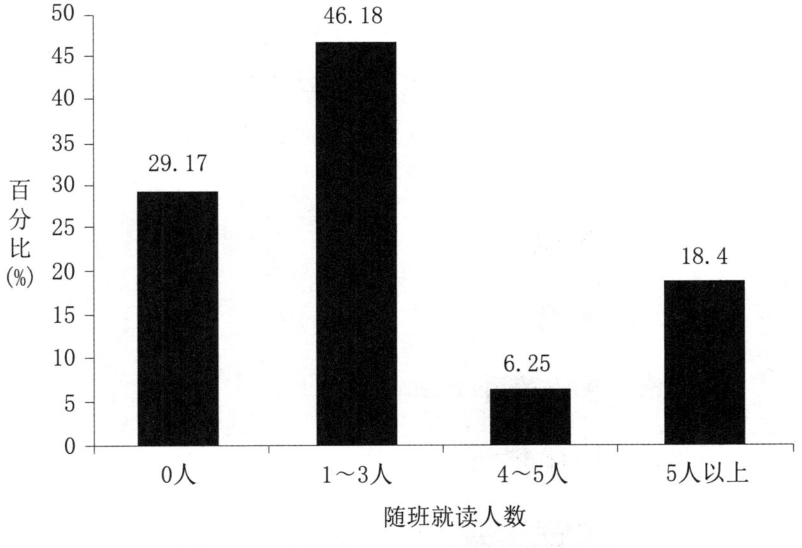

图 2-31　小学随班就读残疾学生数量比例

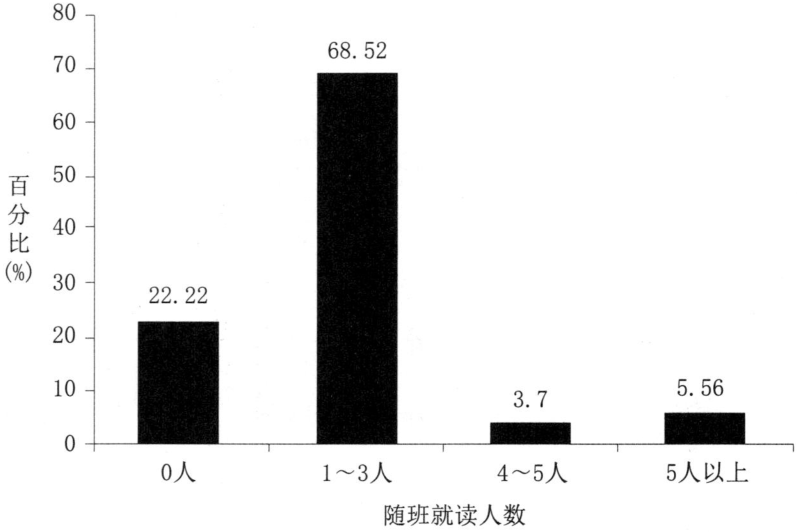

图2-32　初中随班就读残疾学生数量比例

2. 随班就读残疾儿童的类型

由图2-33可知，小学随班就读残疾类型中智力残疾比例最高，占57.41%，其次是肢体残疾（包括脑瘫），占42.59%；听力残疾占18.52%。初中随班就读的残疾儿童类型也主要以智力残疾为主，占45.83%；其次是其他残疾（主要包括情绪行为障碍、多动症和问题儿童）比例为35.76%；肢体残疾为32.64%（图2-34）。可见，在普通中小学随班就读的残疾儿童主要以智力残疾和肢体残疾为主。

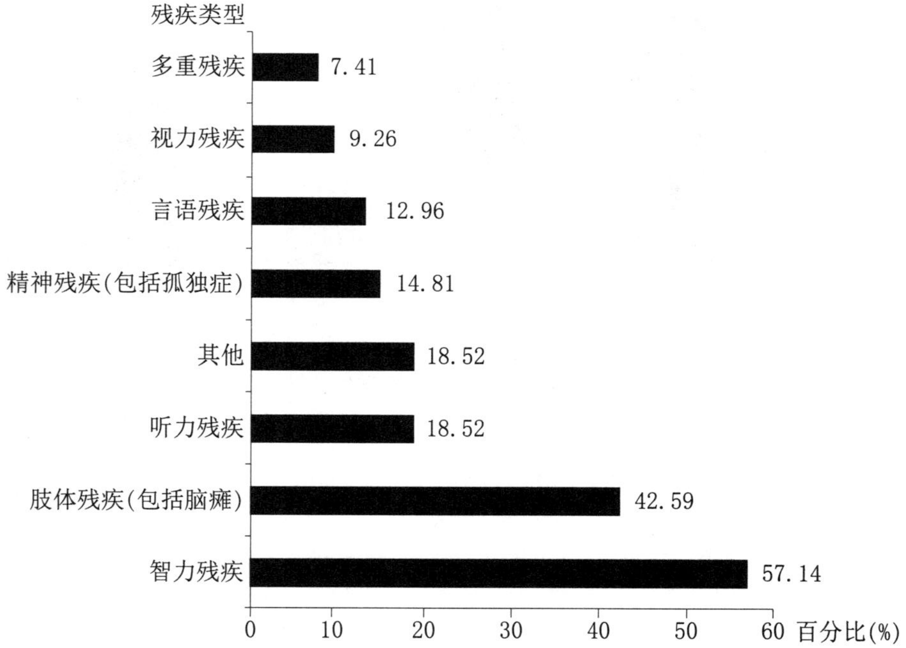

图2-33　小学随班就读残疾学生类型比例

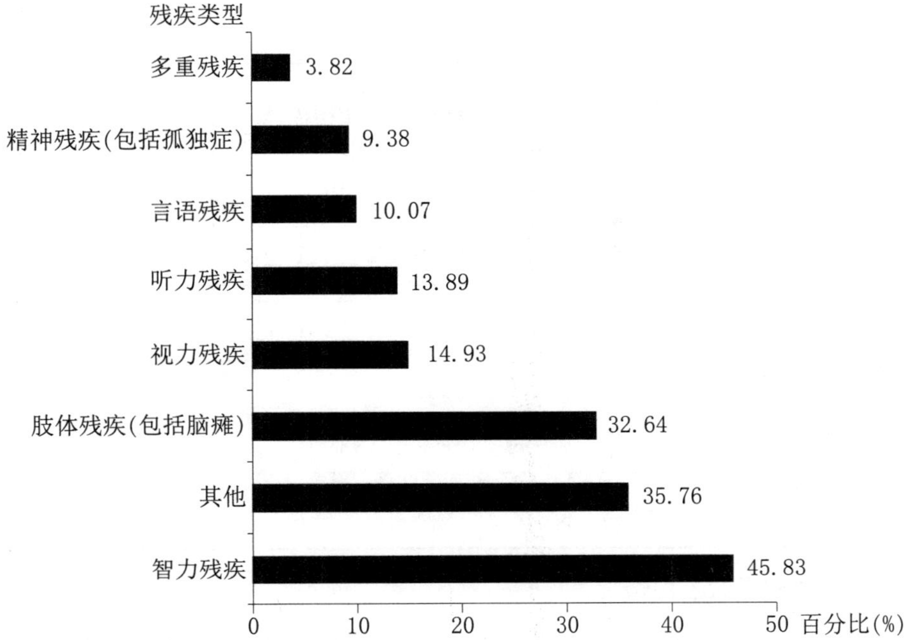

图2-34 初中随班就读残疾学生类型比例

(三) 送教上门情况

2013年《残疾人教育条例（修订草案）（送审稿）》规定对于重度、极重度及多重残疾儿童、少年，难以进入普通学校或者特殊教育学校和机构学习的，应由县级教育行政部门安排专人进行家庭辅导等形式接受教育，以保障其受教育权利的实现。2014年教育部等部门制定的《特殊教育提升计划（2014—2016年）》规定，“县（市、区）教育行政部门要统筹安排特殊教育学校和普通学校教育资源，为确实不能到校就读的重度残疾儿童、少年提供送教上门或远程教育等服务，并将其纳入学籍管理”。①送教上门成为保障重度、极重度残疾儿童以及农村地区不便入学的残疾儿童受教育权利实现的重要手段。本次针对特教学校和普通中小学送教上门情况的调查结果如下：

1. 特教学校送教上门情况

表2-3显示，截至2017年，被调查的15所特教学校中有10所开展了送教上门工作，其中东部3所、中部4所、西部3所。在10所开展送教上门工作的特教学校中，最早的是东4学校，从2008年送教对象6人到2014年达到最高点35人，但送教规模与其他学校相比不大；另有4所学校从2014年开始开展送教上门工作，规模最大的东3学校在2015年送教人数达到95人；送教上门工作开始较晚的中、西部5所学校

① 教育部等七部门.特殊教育提升计划：2014—2016[EB/OL].(2014-01-08)[2018-03-05]. http://www.gov.cn/xxgk/pub/govpublic/mrlm/201401/t20140118_66612.html.

送教规模都不大。没有开展送教上门工作的5所特教学校中，东1学校、东2学校、中1学校、西1学校为市级特教学校，西5学校为新建校。

表2-3 15所特教学校送教上门情况

	东3	东4	东5	中2	中3	中4	中5	西2	西3	西4
2008年	—	6	—	—	—	—	—	—	—	—
2009年	—	10	—	—	—	—	—	—	—	—
2010年	—	12	—	—	—	—	—	—	—	—
2011年	—	13	—	—	—	—	—	—	—	—
2012年	—	9	—	—	—	—	—	—	—	—
2013年	—	8	—	—	—	—	—	—	—	—
2014年	25	35	38	6	—	—	—	—	—	—
2015年	95	28	42	30	50	—	—	—	—	14
2016年	93	23	67	28	52	—	—	30	—	18
2017年	85	22	67	28	66	5	16	33	5	20

2. 普通学校送教上门情况

在被调查的342名普通农村中小学校长和教师中（288位老师、54位校长），仅有13所学校提供送教上门服务，占比仅为3.8%；且最早从2016年开始，每所学校送教的残疾儿童数都在5人以下。

调查发现，无论是特教学校还是普通学校，目前送教的对象都是有残疾人证的儿童，没有办理残疾人证的未入学残疾儿童没有被列入送教范围。此外，农村户籍的流动残疾儿童，其义务教育情况处于管理的夹缝中，大多数信息不准、情况不明。有送教老师反映，他们曾送教的一名残疾儿童，在他们再一次去送教时，家里大门紧闭，全家不知去向，联系不上，周围邻居及村委会都说不知道什么情况，他们担忧了一段时间，最后不了了之。

三、总结与讨论

通过中国残疾人联合会、教育部的数据分析及本次调查的结果可见，我国义务教育阶段农村残疾儿童平等受教育权的实现状况总体趋向良好，但相比普通儿童和城市残疾儿童仍存在一定差距，农村残疾儿童平等受教育权利缺损仍十分值得关注。

（一）农村残疾儿童接受义务教育的比例仍低于普通儿童和城市残疾儿童

《中华人民共和国义务教育法》规定：“凡具有中华人民共和国国籍的适龄儿童、少年，不分性别、民族、种族、家庭财产状况、宗教信仰等，依法享有平等接受义务教育的权利，并履行接受义务教育的义务。”在我国义务教育阶段小学净入学率99.9%、初中毛入学率104%的背景下[①]，2018年残疾儿童义务教育普及率也达到了90%以上，但截至2018年，仍有约24万名残疾儿童的义务教育问题没有得到完全解决。“从这20多万的群体来看，主要是两个80%，重度残疾儿童约占80%，家住农村的占80%”[②]。部分农村残疾儿童由于残疾程度重和环境不利两种因素的叠加而成为受教育权缺损的主要群体。

（二）农村智力残疾和多重残疾儿童接受义务教育比例逐年增加

《中国残疾人事业“十一五”计划纲要（2006—2010年）》提出：30万人口以上且适龄残疾儿童少年较多的县（市）要建立一所九年义务教育特殊教育学校；将残疾儿童少年入学指标列入义务教育评估验收指标体系，统计义务教育对象必须包括适龄残疾儿童少年。《国家中长期教育改革和发展规划纲要（2010—2020年）》再一次强调，到2020年，基本实现地市和30万人口以上、残疾儿童较多的县都有一所特殊教育学校。鼓励和支持各级各类学校接收残疾人入学，不断扩大随班就读和普通学校特教班规模。2008年以来，在特殊教育学校就读的残疾儿童占在校残疾儿童总数的比例整体呈上升趋势，2013年达到最高点，比例为46.71%。《特殊教育提升计划（2014—2016年）》提出了到2016年，全国基本普及残疾儿童少年义务教育，视力、听力、智力残疾儿童少年义务教育入学率达到90%以上，其他残疾人受教育机会明显增加的目标和任务。2017年发布的《第二期特殊教育提升计划（2017—2020年）》提出，到2020年，我国残疾儿童少年义务教育入学率将达到95%以上，实现残疾儿童少年义务教育的全面普及。随着两次特殊教育提升计划的实施，农村智力残疾和多重残疾儿童入学比例大大增加，2014年后，这两类残疾儿童入读特教学校和普通学校的人数和比例都明显上升。即使没能进入学校的残疾儿童也通过送教上门解决了学习问题，学籍列入特教学校或普通学校。

（三）农村未持证残疾儿童和流动残疾儿童义务教育状况堪忧

2011年，中国残疾人联合会、教育部联合发文推进未入学适龄残疾儿童实名登记工作，登记对象为持有中华人民共和国残疾人证的未入学的各类适龄（即6～14周岁或7～15周岁）残疾儿童，尽管文件对未持证残疾儿童给予了办证后登记的规定，但在实际操作中这部分残疾儿童往往被忽略。这些儿童的家长要么由于种种顾虑不愿意办证，要么就是不了解政策不知道怎么办证，还有的家长本身也是残疾人，没有能力考虑孩子的教育问题。这样，农村未入学的无证残疾儿童的管理就在

---

① 丁雅诵.我国义务教育普及率超过高收入国家平均水平[N/OL].人民日报，2017-07-26[2018-03-05].http://www.china.com.cn/guoqing/2017-07/26/content_41285501.htm.

② 新华社.中国残联理事长鲁勇：我国残疾儿童义务教育普及率达90%以上[EB/OL].(2018-03-19)[2018-03-25].http://www.gov.cn/xinwen/2018-03/19/content_5275577.htm.

很大程度上取决于救助工作人员的工作责任心，但实际上往往由于缺乏有效的沟通和宣传而出现管理空白。流动残疾儿童大多数信息不准、情况不明，多数处于失控状态，接受义务教育状况不乐观。总之，这两类残疾儿童的受教育权缺失严重，且较难管理和维护。

（四）农村残疾女童接受义务教育的比例偏低

全国特殊教育在校生中女生比例为35.1%，调查的样本学校在校生女生平均比例为37.47%，超过全国平均值。但相对于“全国残疾人口中女性占比48.45%”而言，低了11个百分点，差异显著，表明特殊教育在校生中女生比例明显偏低。形成这一现象的主要原因为，在我国一些地区，尤其是农村地区轻视女性教育的观念仍然存在，传统文化的影响导致残疾儿童教育中的性别差异，造成残疾女童的入学率显著低于残疾男童。[①]

第二节　农村残疾儿童接受学前教育的状况

一、全国一般情况

（一）残疾儿童接受学前教育的人数

从中国残疾人联合会数据来看，2011—2016年，全国残疾儿童接受学前教育的人数呈逐年上升趋势，6年间增长了1.17倍，接受学前教育残疾儿童总数为1.44万人（图2-35）。当前我国0～6岁各类残疾儿童近168万人[②]，按50%计算，3～6岁残疾儿童应为84万人，按此数据计算，残疾儿童接受学前教育的比例仅为1.7%，而我国在2015年已实现了学前三年毛入园率60%的目标[③]。同样来自中国残疾人联合会的调查数据显示，我国3～6岁残疾儿童接受学前教育率为43.92%，其中城市为

① 孟万金，刘玉娟，刘在花．残疾儿童教育不公平现象的原因分析：五论残疾儿童教育公平[J]．中国特殊教育，2007(3)：4-5.

② 潘子璇．我国0～6岁残疾儿童167.8万人10月1日起全面实施康复救助制度[N/OL]．新民晚报，2018-06-01[2018-06-07]. http://news.eastday.com/s/20180601/u1ai11486384.html.

③ 国家中长期教育改革和发展规划纲要工作小组办公室．国家中长期教育改革和发展规划纲要：2010—2020年[EB/OL]．(2010-07-29)[2018-03-05]. http://www.moe.edu.cn/srcsite/A01/s7048/201007/t20100729_171904.html.

61.48%，农村为26.41%。[①]尽管统计途径不同，但结果一致表明，农村残疾儿童接受学前教育的比例严重落后于城市残疾儿童和普通儿童。

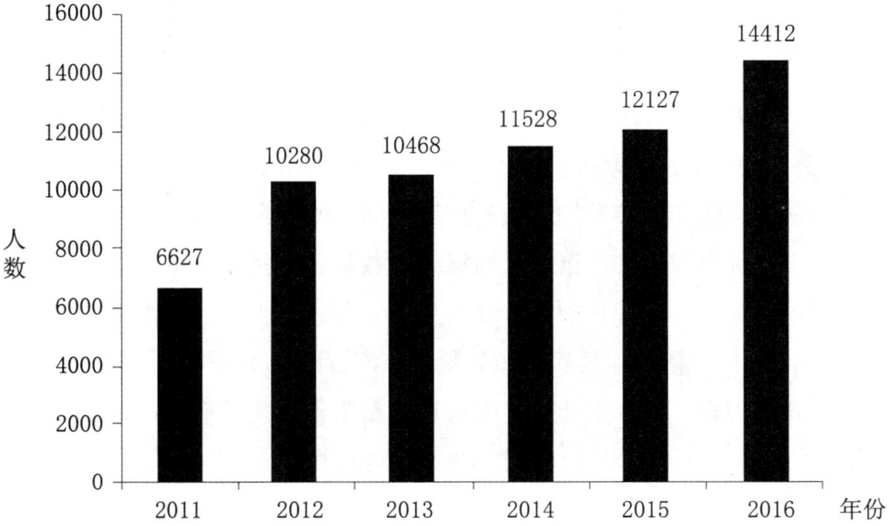

图2-35　2011—2016年残疾儿童接受学前教育人数[②]

（二）各类残疾儿童接受学前教育的比例

由表2-4可知，从2011年至2016年，在接受学前教育的残疾儿童中，听力残疾和智力残疾比例始终维持在较高水平，且整体呈上升趋势，最高比例分别为26.26%（2012年）和26.97%（2015年）；视力残疾、言语残疾、精神残疾占比相对较低，视力残疾和言语残疾6年间均在10%以下，精神残疾占比呈上升趋势并于2016年达到最高点11.4%；多重残疾占比整体呈上升趋势，2014年达15.84%；肢体残疾呈下降趋势，6年间下降了10个百分点。

表2-4　2011—2016年各类残疾儿童接受学前教育的比例[③]

年份	视力残疾	听力残疾	言语残疾	肢体残疾	智力残疾	精神残疾	多重残疾
2011	9.78	19.75	10.2	26.97	17.91	5.93	9.46
2012	4.67	26.26	6.59	18.04	22.25	8.47	13.72
2013	3.34	26.02	5.29	16.47	25.07	7.71	16.1
2014	3.56	23.92	5.04	15.86	25.93	9.85	15.84
2015	3.42	21.83	4.17	17.21	26.97	11.4	14.99
2016	2.8	22.5	4.49	16.87	22.69	9.59	12.61

① 中国残疾人联合会.年度数据[EB/OL].(2016-12-30)[2018-03-05].http://www.cdpf.org.cn/sjzx/sjcx/ndsj/.

② 中国残疾人联合会.年度数据[EB/OL].(2016-12-30)[2018-03-05].http://www.cdpf.org.cn/sjzx/sjcx/ndsj/.

③ 中国残疾人联合会.年度数据[EB/OL].(2016-12-30)[2018-03-05].http://www.cdpf.org.cn/sjzx/sjcx/ndsj/.

二、调查结果

（一）学前教育阶段农村户籍残疾学生人数

由图2-36可知，在15所样本学校中招收农村户籍学前残疾儿童的仅有4所学校，其中东部3所、中部1所；东部3所学校中2所为市级特教学校，1所为县级特教学校，在2008年至2017年间均有农村户籍学前残疾儿童在校就读。

东1、东2两所学校农村户籍学前残疾儿童数量整体呈上升的趋势，东2学校在2017年达到最大值45人，东1学校为30人。

东3学校的农村户籍学前残疾儿童数量在10年间呈波动状态，于2012年达到最高点17人。中3学校自2014年开始招收农村户籍学前残疾儿童，4年中人数变化不大，且始终在10人以下。西部5所特教学校均未招收学前特殊儿童。

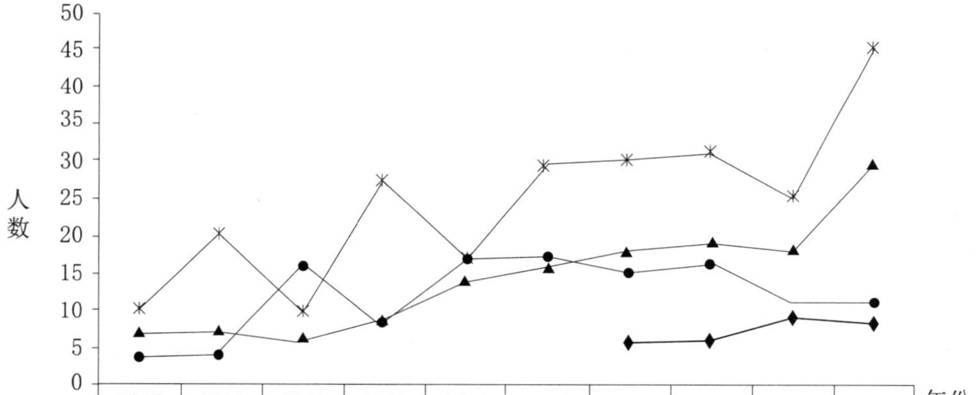

	2008	2009	2010	2011	2012	2013	2014	2015	2016	2017
▲ 东1	7	7	6	9	14	16	18	19	18	30
✳ 东2	10	20	10	27	17	29	30	31	25	45
● 东3	4	4	16	8	17	17	15	16	11	11
◆ 中3	—	—	—	—	—	—	6	6	9	8

图2-36　15所样本学校学前教育阶段农村学生数

（二）学前教育阶段各残疾类型学生比例

1. 听力残疾学生比例

由图2-37可知，15所样本学校中仅东部3所学校招收农村户籍的学前听力残疾儿童，其中东1学校在2011年前只招收听力残疾学前儿童，2012年后听力残疾儿童比例逐渐下降，但仍维持在50%左右；东2学校10年间有5年有学前听力残疾儿童在校，但呈断续状态；东3学校2009年前也只招收听力残疾的学前儿童，2010年后随着其他类型学前残疾儿童的入读，听力残疾儿童的比例明显下降，2017年低至27.27%。

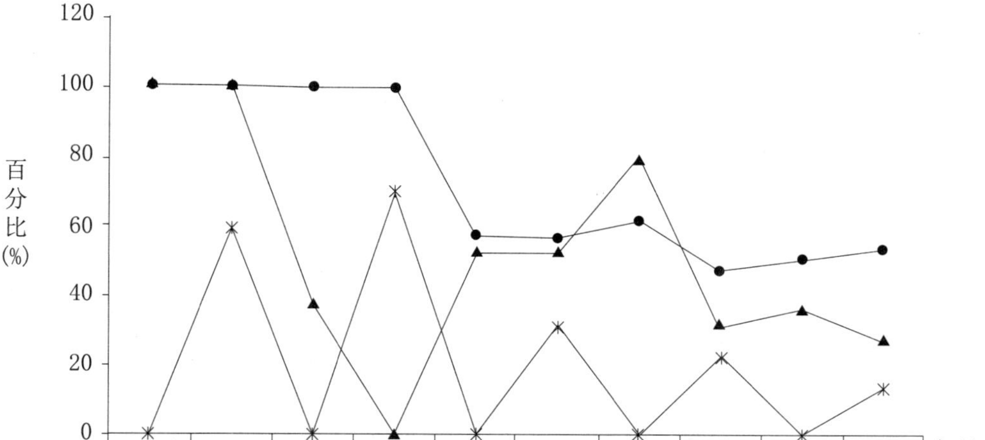

	2008	2009	2010	2011	2012	2013	2014	2015	2016	2017
东1	100	100	100	100	57.14	56.25	61.11	47.37	50	53.33
东2	0	60	0	70	0	31.03	0	22.58	0	13.33
东3	100	100	37.5	0	52.94	52.94	80	31.25	36.36	27.27

图2-37　15所样本学校农村学前听力残疾学生比例

2. 智力残疾学生比例

由图2-38可知，4所招收农村户籍学前残疾儿童的学校都招收智力残疾儿童，东2学校在2008年和2010年招收的学前残疾儿童全部为智力残疾，其他年份智力残疾儿童所占比例也相对较高，最低的2011年为29.63%；东1学校和东3学校分别于2012年和2010年开始招收智力残疾学前儿童，且所占比例都比较高，其中东3学校在2011年学前教育阶段全部为智力残疾儿童，最低时也接近50%；中3学校于2014年开始招收学前残疾儿童，且全部为智力残疾。

3. 精神残疾学生比例

由图2-39可知，15所样本学校中仅有东2一所学校招收了农村户籍的学前精神残疾（自闭症）儿童，所占比例处于整体波动状态，2012年和2016年远远高于其他年份，分别为52.94%和52%，最低也在25%。

因精神残疾（自闭症）儿童多在专门的康复机构接受康复，所以该类儿童在特教学校就读比例最低。

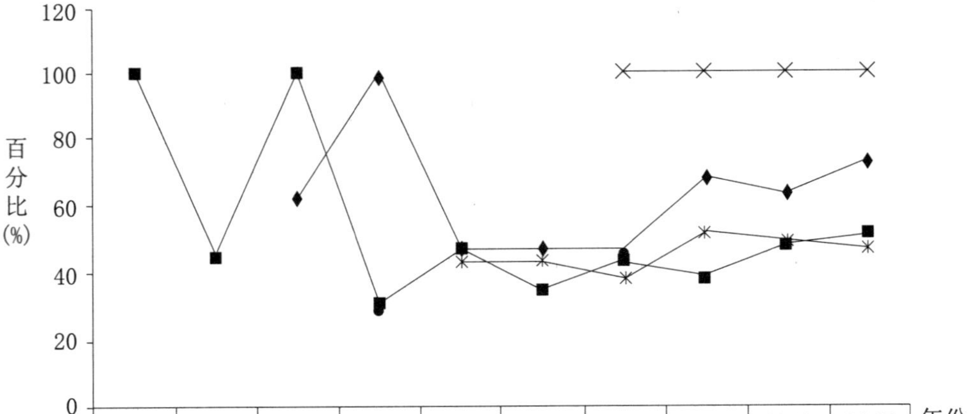

	2008	2009	2010	2011	2012	2013	2014	2015	2016	2017
东1	—	—	—	—	42.88	43.75	38.89	52.63	50	46.67
东2	100	45	100	29.63	47.06	34.48	43.33	38.71	48	51.11
东3	—	—	62.5	100	47.06	47.06	46.67	68.75	63.64	72.73
西3	—	—	—	—	—	—	100	100	100	100

图2-38　15所样本学校农村学前智力残疾学生比例

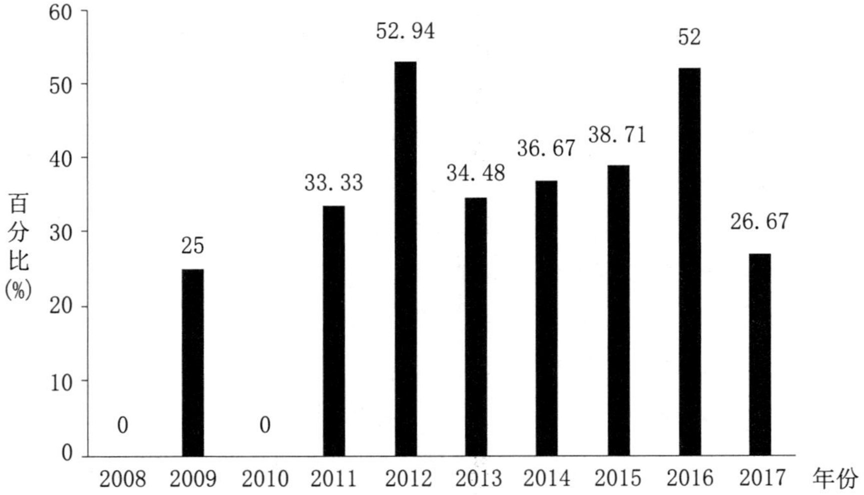

图2-39　东2学校农村学前精神残疾学生比例

三、总结与讨论

（一）农村残疾儿童接受学前教育的比例远远低于城市残疾儿童和普通儿童

由于学前教育在我国仍不属于义务教育，其普及程度还明显落后于义务教育，残疾儿童的学前教育更是一直处于被忽视的状态。绝大多数农村地区没有针对残疾儿童的特殊教育及康复机构；普通学前教育机构缺少接纳残疾儿童的师资和适合残疾儿童活动的必要设施，一般不愿接收残疾儿童入学；距离城市的学前教育机构路途遥远，学前阶段的孩子寄宿又比较困难；教育与康复费用较高；家庭经济困难和家长意愿不强；等等。这些因素导致农村残疾儿童实际接受学前教育的比例低于城市残疾儿童，且远远低于普通儿童。

（二）接受学前教育的农村残疾儿童主要以智力残疾和听力残疾为主

根据中国残疾人联合会的数据和本次调查，我们发现在接受学前教育的农村残疾儿童中，智力残疾和听力残疾比例最高。原因之一为智力残疾发生率在各类残疾类型中占首位，智力残疾儿童在同龄残疾儿童中数量最多，且智力残疾儿童进入专门康复机构的比例不高；原因之二为我国听力残疾儿童康复工作开展得比较成熟，康复治疗后程度较轻的听力残疾儿童可以比较顺利地进入普通或者特殊幼教机构学习。其他残疾类型儿童因为残疾程度重、生活适应不良等原因导致接受学前教育的机会明显不足。

（三）学前残疾儿童康复与学前残疾儿童教育有本质区别

目前我国学前残疾儿童中，接受康复训练的比例较高，残联的康复机构和私立康复机构主要针对听力残疾、肢体残疾（脑瘫）和自闭症儿童开展康复工作，但多数康复机构都以个体功能恢复作为主要目标，不重视残疾儿童的教育，进而导致他们在学习、生活及社会适应等方面面临诸多困难。针对这种情况，有学者提出医教结合的思路，希望能将康复与教育有效整合，但在实际开展中多数康复机构仍无暇顾及教育层面的工作。因此，要认真对待残疾儿童学前教育和康复的本质差别，认识到残疾儿童学前教育的重要价值，尽力完善学前残疾儿童教育的保障条件，为残疾儿童的全生涯发展打好基础。

第三节　农村残疾儿童接受高中及职业教育的现状

一、全国一般情况

（一）接受高中教育的残疾儿童人数和类型

1.接受高中教育的残疾儿童人数

中国残疾人联合会数据显示，2008年至2016年，在高中就读的残疾儿童数量呈持续上升趋势，2016年是2008年的1.4倍，达到7686人（图2-40）。教育部数据统计同样显示，2008年至2016年，高中阶段就读的残疾儿童数量呈持续上升趋势，2016年是2008年的1.3倍。从增长趋势和增长幅度看，两个数据高度一致。但由于统计途径的差异，教育部数据统计显示的实际高中在读残疾儿童数明显高于中国残疾人联合会的统计数据，平均相差2000人左右（图2-41）。

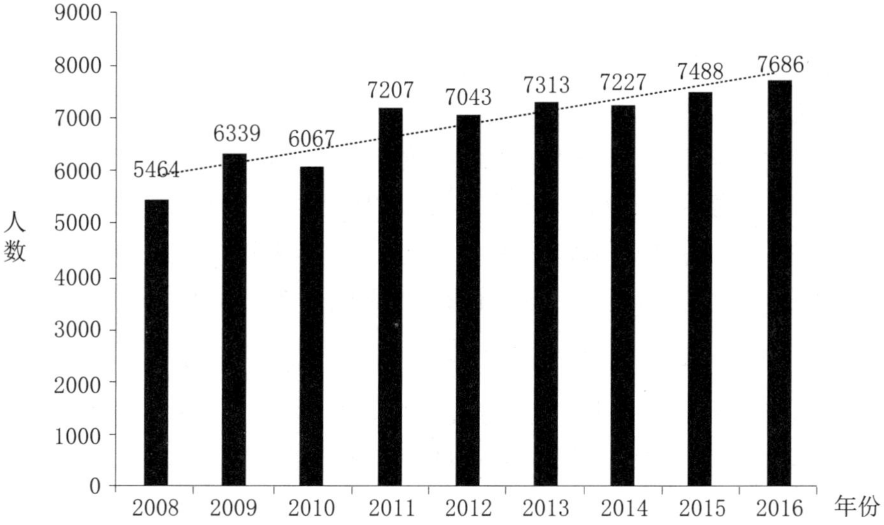

图2-40 中国残疾人联合会统计2008—2016年全国高中残疾学生总数①

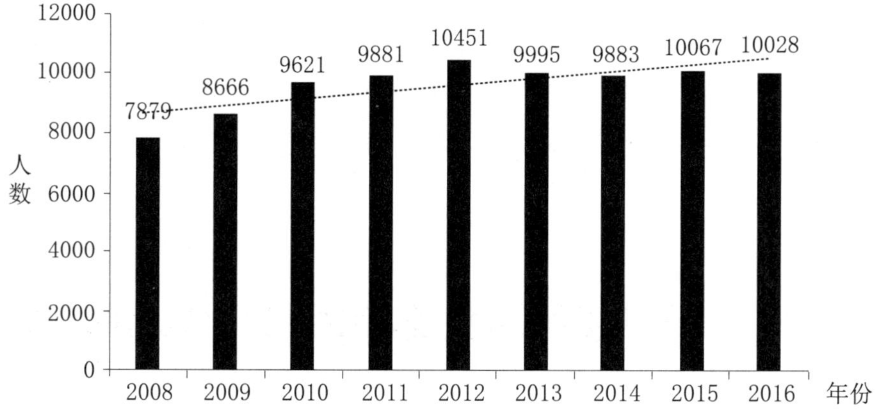

图2-41 教育部统计2008—2016年全国高中残疾学生总数②

① 中国残疾人联合会.年度数据[EB/OL].(2016-12-30)[2018-03-05].http://www.cdpf.org.cn/sjzx/sjcx/ndsj/.

② 教育部.教育统计数据[EB/OL].(2017-8-24)[2018-03-05].http://www.moe.edu.cn/s78/A03/moe_560/jytjsj_2016/.

2. 接受高中教育的各类残疾学生比例

由图2-42可知，在高中就读的残疾儿童包括听力残疾和视力残疾两类，听力残疾占比远远高于视力残疾，9年间均维持在一个相对稳定的范围内，两者最高差近75个百分点，总人数逐年上升。

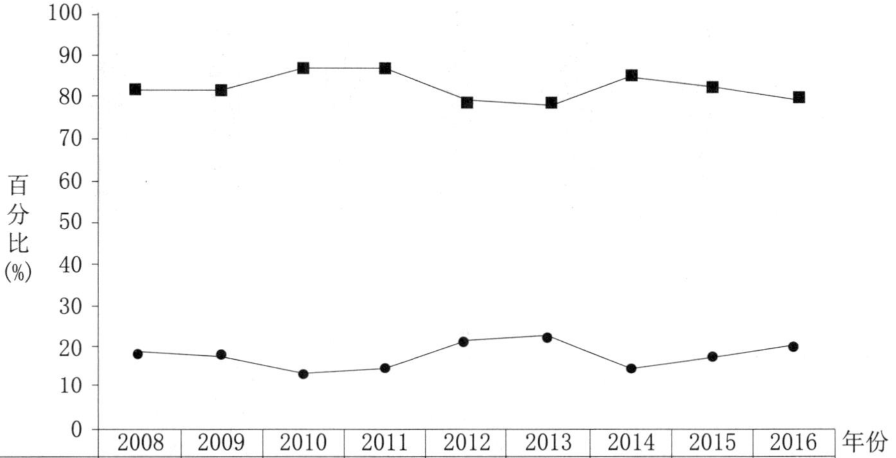

	2008	2009	2010	2011	2012	2013	2014	2015	2016
—●— 视力残疾	18.41	18.02	12.91	14	21.13	22	14.58	17.32	20.26
—■— 听力残疾	81.59	81.98	87.09	85.99	78.87	77.99	85.42	82.68	79.74

图2-42　2008—2016年全国高中残疾学生类型比例①

（二）接受职业教育的残疾儿童人数和类型

1. 接受职业教育残疾儿童人数

由图2-43可知，2011年至2016年，接受职业教育的残疾儿童整体上呈下降的趋势，2014年下降幅度相对较大，之后缓慢回升。但接受职业教育的残疾儿童人数仍很少，比例很低。

2. 接受职业教育残疾儿童类型比例

由表2-5可知，接受职业教育的残疾儿童以听力残疾、视力残疾和肢体残疾为主。其中，视力残疾占比最高，平均达50%以上，听力残疾和肢体残疾占比相当，都在20%以上。从比例变化趋势上看，视力残疾比例逐年降低，听力残疾和肢体残疾的比例有所增加，但幅度变化都不大。

① 教育部.教育统计数据[EB/OL].(2017-8-24)[2018-03-05].http://www.moe.edu.cn/s78/A03/moe_560/jytjsj_2016/.

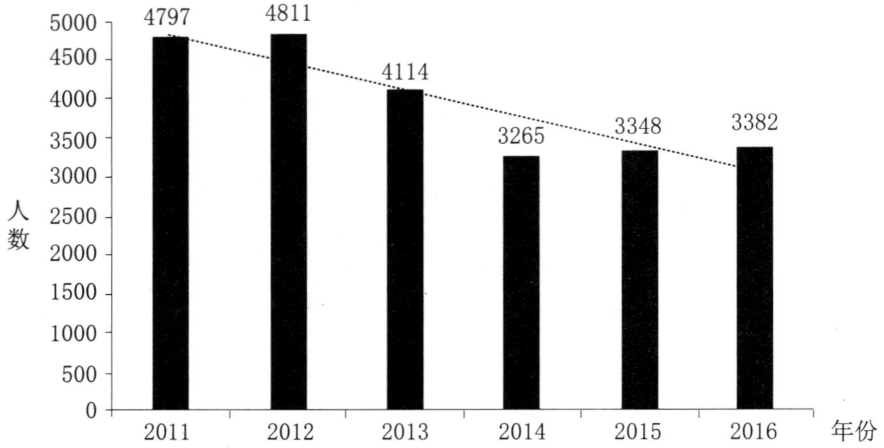

图2-43　2011—2016年全国接受职业教育残疾学生总数①

表2-5　全国职业教育阶段残疾学生类型比例②

年份	总人数	听力残疾	视力残疾	肢残残疾
2008年	9932人	2112人(21.26%)	5544人(55.82%)	2276人(22.92%)
2009年	11448人	2513人(21.95%)	6183人(54.01%)	2752人(24.04%)
2010年	11506人	3399人(29.54%)	5368人(46.65%)	2739人(23.80%)

二、调查结果

(一) 高中教育阶段农村户籍残疾学生人数及类型比例

1. 高中教育阶段农村户籍残疾学生人数

由图2-44可知，15所样本学校中只有5所学校有农村户籍的高中教育阶段学生在读，其中东部2所、中部2所、西部1所，且皆为市级特教学校。5所学校中有4所高中教育开始较早，10年间农村户籍高中在校生数总体呈上升趋势，但规模不大，除中1学校在2010—2015年中有5年超过100人外，其余3所学校的高中在校生规模均在100人以下。中2学校自2016年开始招收高中阶段残疾儿童，且规模很小，2016年5人，2017年10人。

① 中国残疾人联合会.年度数据[EB/OL].(2016-12-30)[2018-03-05].http://www.cdpf.org.cn/sjzx/sjcx/ndsj/.

② 中国残疾人联合会.年度数据[EB/OL].(2016-12-30)[2018-03-05].http://www.cdpf.org.cn/sjzx/sjcx/ndsj/.

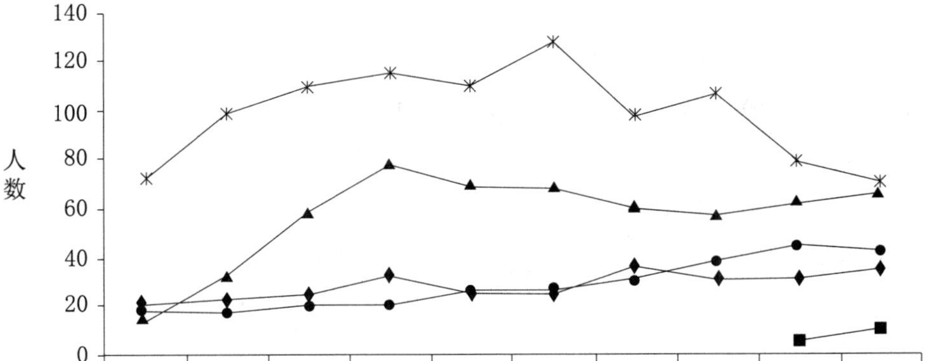

	2008	2009	2010	2011	2012	2013	2014	2015	2016	2017
东1	15	32	58	78	69	68	60	56	62	65
东2	20	22	24	31	24	24	35	30	31	35
中1	72	98	109	115	110	128	96	107	79	70
中2	—	—	—	—	—	—	—	—	5	10
西2	17	17	20	20	25	26	31	38	44	42

年份

图2-44　2008—2017年15所样本学校高中教育阶段农村学生数

2. 高中教育阶段各残疾类型学生比例

(1) 听力残疾学生比例

由图2-45可知，共有4所样本学校中有农村户籍的听力残疾高中生在读，其中东部2所，中、西部各1所。东部两所特教学校中听力残疾高中生的比例在10年间总体呈下降趋势，且下降幅度比较大，东2学校下降了近40个百分点，东1学校也下降了近20个百分点，但比例仍维持在30%以上。中、西部两所学校听力残疾高中生的比例整体呈平稳走向，比例没有明显变化，基本维持在50%左右。

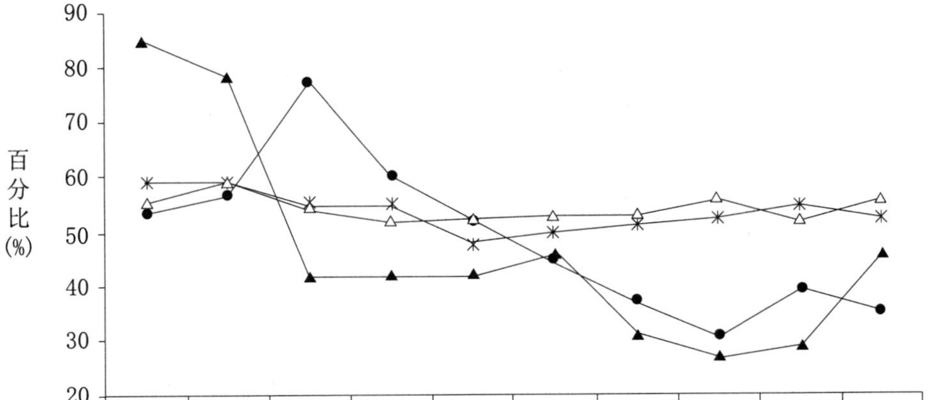

	2008	2009	2010	2011	2012	2013	2014	2015	2016	2017
东1	53.33	56.25	77.59	60.26	52.17	44.12	36.67	30.63	38.71	35.38
东2	85	78.26	41.67	41.94	41.67	45.83	31.43	26.67	29.03	45.71
中1	55.56	59.18	54.13	52.17	52.73	53.13	53.13	56.07	51.9	55.71
西2	58.82	58.82	55	55	48	50	51.61	52.63	54.55	52.38

年份

图2-45　2008—2017年15所样本学校高中教育阶段农村听力残疾学生比例

（2）视力残疾学生比例

由图2-46可知，共有4所样本学校中有农村户籍的视力残疾高中生在读，其中东部2所，中、西部各1所。

东部两所特教学校中视力残疾高中生比例较低，均在20%以下，且东2学校自2011年才开始招收视力残疾高中生。

中、西部两所学校视力残疾高中生比例10年间均维持50%左右，比例较高。

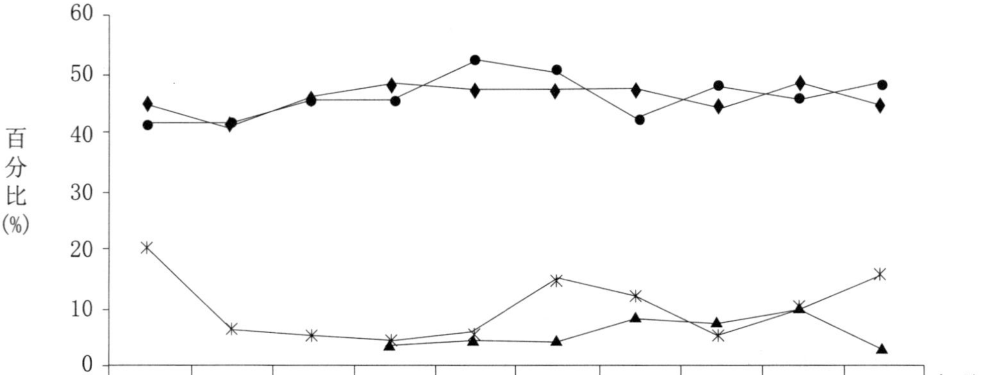

	2008	2009	2010	2011	2012	2013	2014	2015	2016	2017 年份
东1	20	6.25	5.17	3.85	5.8	14.71	11.67	5.36	9.68	15.38
东2	—	—	—	3.23	4.17	4.17	8.57	6.67	9.68	2.86
中1	44.44	40.82	45.87	47.83	47.27	46.88	46.88	43.93	48.1	44.29
西2	41.18	41.18	45	45	52	50	41.94	47.37	45.45	47.62

图2-46 2008—2017年15所样本学校高中教育阶段农村视力残疾学生比例

（3）智力残疾学生比例

由图2-47可知，共有3所样本学校中有农村户籍的智力残疾高中生在读，其中东部2所、中部1所。

东部两所特教学校中智力残疾学生比例整体呈上升的趋势。其中，东1学校的智力残疾学生比例在2017年达到了49.23%，比2008年增长了22.56%；东2学校增长了36.43%，且比例较高，最高比例达到66.67%。

中2学校于2016年开始招收智力残疾高中生，比例超过60%。

（4）肢体残疾学生比例

样本学校中，仅中2所学校有肢体残疾（脑瘫）的高中在校生就读，2016年2人，占比40%，2017年3人，占比30%。

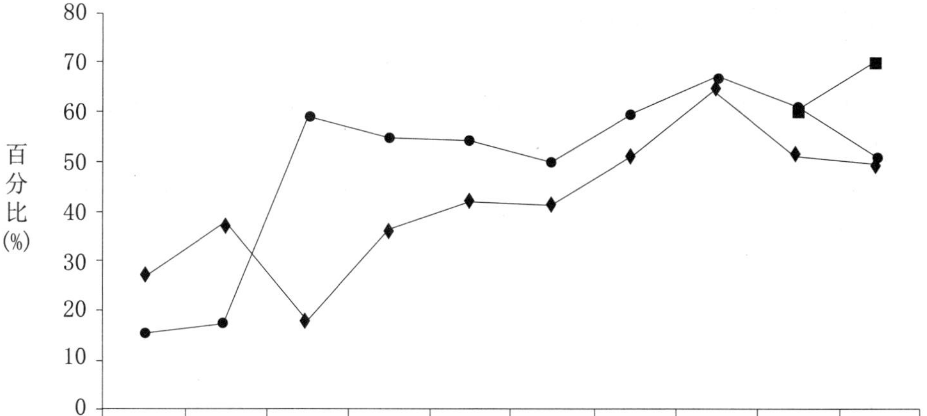

	2008	2009	2010	2011	2012	2013	2014	2015	2016	2017
东1	26.67	37.5	17.24	35.9	42.03	41.18	51.67	64.29	51.61	49.23
东2	15	17.39	58.33	54.84	54.17	50	60	66.67	61.29	51.43
中2	—	—	—	—	—	—	—	—	60	70

年份

图2-47　2008—2017年15所样本学校高中教育阶段农村智力残疾学生比例

(二) 职业教育阶段农村户籍残疾学生人数及类型比例

1. 职业教育阶段农村户籍学生人数

由图2-48可知，调查的15所样本学校中仅有3所学校有农村户籍的在读职教生，东、中、西部各1所。其中，东1学校和西1学校为市级特教学校，10年间均有职业教育阶段学生就读；东3学校的职教在校生人数呈逐年上升趋势，2017年达到87人，是2008年的7.25倍；中4学校的职教在校生规模较大，一直保持在130人左右，且人数年度变化不大，比较平稳；西4学校为县级特校，2017年开始开办职教班，规模很小，仅有11人。

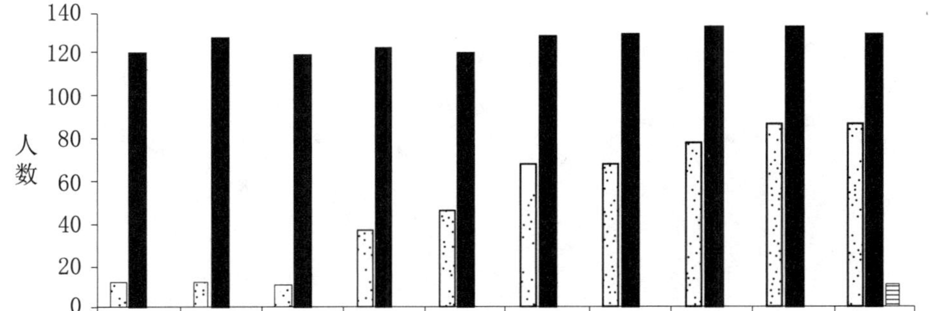

	2008	2009	2010	2011	2012	2013	2014	2015	2016	2017
东3	12	12	11	37	45	68	68	78	87	87
中4	120	127	119	123	120	128	130	133	128	129
西4	—	—	—	—	—	—	—	—	—	11

年份

图2-48　2008—2017年15所样本学校职业教育阶段农村学生数

2. 职业教育阶段各残疾类型学生比例

由图2-49可知，东1学校的职业教育阶段在校生残疾类型包括听力残疾、视力残疾和智力残疾三种，其中，视力残疾比例最高。2010年以前该校的职业教育阶段在校生全部为视力残疾儿童，2011年后开始招收听力残疾和智力残疾学生，视力残疾学生的比例下降到50%左右，听力和智力残疾学生的比例均在30%左右波动，差别不大。

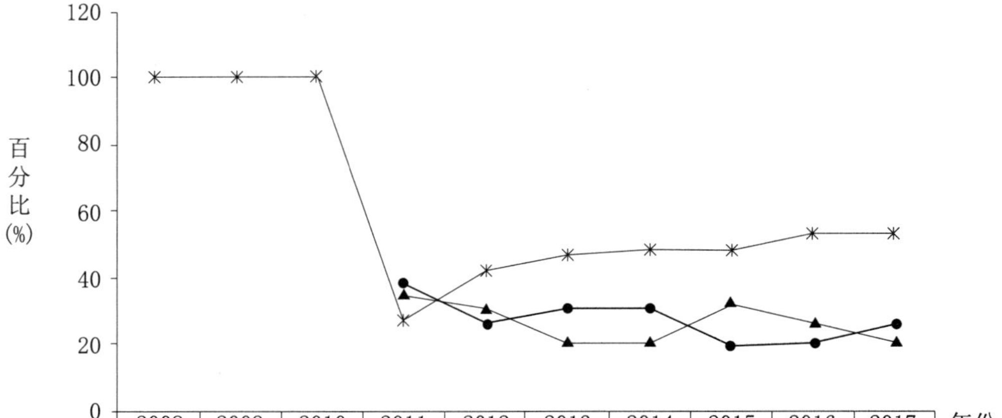

	2008	2009	2010	2011	2012	2013	2014	2015	2016	2017
视力残疾	100	100	100	27.03	42.22	47.06	48.53	48.71	52.87	52.87
听力残疾	—	—	—	37.84	26.67	30.88	30.88	19.23	20.69	26.44
智力残疾	—	—	—	35.14	31.11	20.59	20.59	32.05	26.44	20.69

图2-49　2008—2017年东1学校职业教育阶段在校残疾学生类型比例

由图2-50可知，中1学校的职业教育规模较大，包括听力残疾和视力残疾两类学生，视力残疾学生的比例整体高于听力残疾，其中50%以函授形式学习。2017年听力残疾学生比例趋近50%，视力残疾与听力残疾学生人数相当。

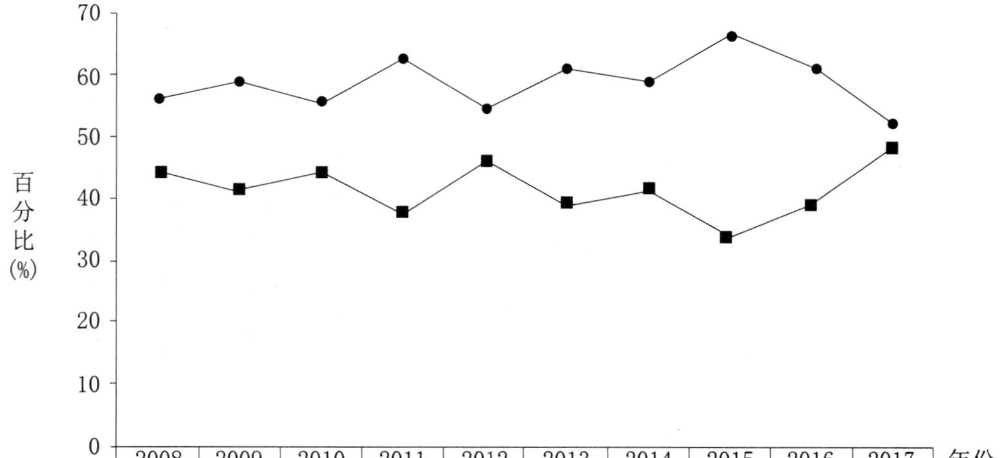

	2008	2009	2010	2011	2012	2013	2014	2015	2016	2017
视力残疾	55.83	59.06	55.46	62.6	54.17	60.94	58.46	66.17	60.94	51.94
听力残疾	44.17	40.94	44.54	37.4	45.83	39.06	41.54	33.83	39.06	48.06

图2-50　2008—2017年中1学校职业教育阶段在校残疾学生类型比例

西4学校的职业教育开始于2017年，在校生仅11名，全部为听力残疾。

三、总结与讨论

（一）农村残疾儿童接受高中和职业教育的比例很低

教育部数据统计显示，2013—2015年我国义务教育阶段残疾学生毕业总人数为152670人，2016年高中阶段残疾学生数为10028人，职业教育阶段残疾学生数为3382人①，按此数据计算，初中毕业的残疾儿童升入高中和职业教育阶段继续学习的比例仅为8.78%。如果以全部高中适龄残疾儿童为总数计算，该比例还会大大降低。而我国2009年高中毛入学率已达到79.2%②，排除部分因残疾程度较重而无法接受高中和职业教育的残疾儿童外，残疾儿童接受高中和职业教育的比例仍然很低，与普通儿童差距巨大。

（二）高中和职业教育阶段残疾学生主要以听力残疾和视力残疾为主

中国残疾人联合会和教育部数据统计显示，高中教育阶段残疾学生类型主要为视力残疾和听力残疾，其中听力残疾占比在80%左右；职业教育阶段残疾学生主要以听力残疾、视力残疾和肢体残疾为主，其中，视力残疾占比在50%左右。在调查的样本学校中，5所开办高中教育的特教学校中4所学校招收听力残疾和视力残疾学生，比例均较高，最高的两类残疾比例达到100%，最低的也超过40%，而智力残疾、肢体残疾（脑瘫）等类型高中在校生比例很小。

（三）农村残疾儿童接受高中和职业教育的地域差异明显

对样本学校的调查显示，东、中、西部特教学校开办高中和职业教育的差异明显，在15所特教学校中，东部有两所特教学校10年间均有高中阶段残疾在校生，中部有2所特教学校开办高中阶段教育，但其中1所学校自2016年才开始招收残疾高中生，西部有1所学校10年中一直有高中教育。开办职业教育的3所学校东、中、西部各1所，但西部学校自2017年才开始。其次，在样本学校中开办高中教育的均为市级特教学校，开办职业教育仅有1所县级特教学校，且从2017年刚开始招生。可见，农村残疾儿童接受高中与职业教育的地域差异明显，中、西部地区农村残疾儿童接受高中和职业教育机会更少，农村残疾儿童接受高中及职业教育的困难更大。

---

① 教育部.教育统计数据[EB/OL].(2017-8-24)[2018-03-05].http://www.moe.edu.cn/s78/A03/moe_560/jytjsj_2016/.

② 国家中长期教育改革和发展规划纲要工作小组办公室.国家中长期教育改革和发展规划纲要：2010—2020 年 [EB/OL]. (2010-07-29) [2018-03-05]. http://www. moe. edu. cn/srcsite/A01/s7048/201007/t20100729_171904.html.

第三章　农村残疾儿童适宜受教育权实现状况与缺损

适宜的受教育权是指公民享有利用法律规定的受教育条件发展自己的权利和获得公正评价的权利。受教育条件既包括教育教学活动方面的条件，如教学活动、课外活动等，又包括设施设备方面的条件，如校舍、图书馆、操场和体育设施等。对农村残疾儿童而言，该权利的实现程度主要取决于教学过程和条件是否符合他们的身心特点和需要，即其所在学校和机构能否提供有效保障。

本章将主要从特殊教育学校的生师比、班师比、班额、教师队伍的专业化水平、教育经费、无障碍环境；随班就读学校的师资配置、个别化教育方案的制定与实施、资源教室和无障碍环境建设、教学管理；"送教上门"教师队伍的专业化水平等方面进行考查。

第一节　特殊教育学校保障情况

由于身心发展的特殊性和较大的个体差异性，残疾儿童对个别化教育的需要程度很高。因此，生师比、班师比和班额大小直接关系到特殊教育学校的教师是否能有足够的时间和精力关注班上每个残疾儿童，进而有针对性地教学，使每个学生都能得到适宜的教育和发展。除此之外，教师的专业化水平、学校的环境设施等都直接决定着学生受到教育的质量。因此，本节主要从样本学校的生师比、班师比、班额，教师的学历、职称、专业背景，学校的教育资源、环境设施等方面反映农村残疾儿童适宜受教育权的实现状况。

一、生师比

生师比是指学生数量与教师数量的比值。特殊教育生师比=特殊教育学校学生总数/特殊教育教师总数。生师比作为保障教育质量的重要指标，在不同类型和阶段的学校有不同的要求，特殊教育学校生师比要求较高，基本在3:1～4:1。

由图3-1可知，自2008至2017年，东部5所样本学校生师比的波动幅度较大。其中东1和东3两所学校生师比10年间大部分高于全国平均水平3.34:1（2012年）①，东5学校自2013年起生师比超过4，2017年到达4.92，超过东1学校和东3学校。东2学校和东4学校10年间生师比一直处于较低水平，其中东2学校最高为2.38，东4学校最高为2.67。整体看，尽管东部5所特教学校的生师比例有明显差异，但差异不大，虽有3所学校生师比高于全国水平，但超出幅度不高。

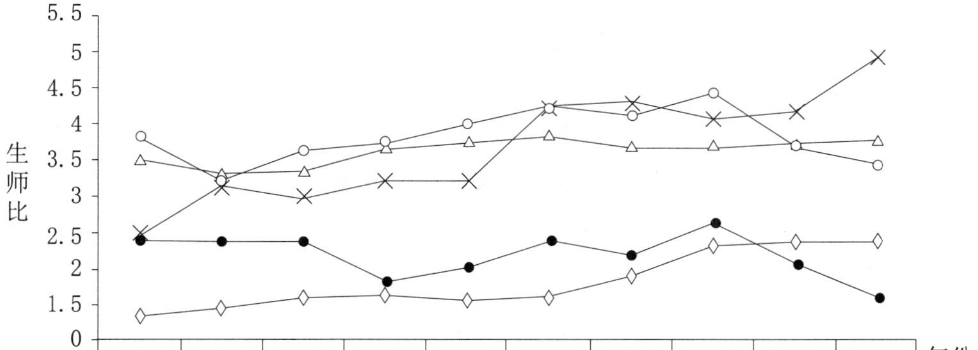

	2008	2009	2010	2011	2012	2013	2014	2015	2016	2017
东1	3.56	3.33	3.39	3.65	3.74	3.83	3.69	3.7	3.74	3.8
东2	1.36	1.46	1.62	1.67	1.56	1.6	1.92	2.32	2.38	2.38
东3	3.81	3.21	3.62	3.74	4	4.27	4.15	4.44	3.68	3.47
东4	2.41	2.38	2.38	1.84	2.05	2.41	2.21	2.67	2.07	1.63
东5	2.5	3.11	2.97	3.23	3.24	4.24	4.32	4.1	4.15	4.92

图3-1　2008—2017年东部5所样本学校义务教育阶段生师比

① 王雁，朱楠．中国特殊教育教师发展报告2014[M]．北京：北京师范大学出版社，2015：153.

由图3-2可知，中部5所特教学校10年间的生师比，除中1学校呈下降趋势外，其余4所学校均呈上升趋势。截至2017年，5所学校的生师比均明显高于全国平均水平。其中，中1学校的生师比最高达到11.45（2010年），是全国平均水平（3.37）①的3.4倍，最低时仍接近2倍。其余4所学校中，除中2学校的比例一直处于较低水平外，另3所学校的生师比明显高于全国平均水平。整体上看，中部5所特教学校的生师比普遍偏高，且居高不下，并呈继续升高趋势。

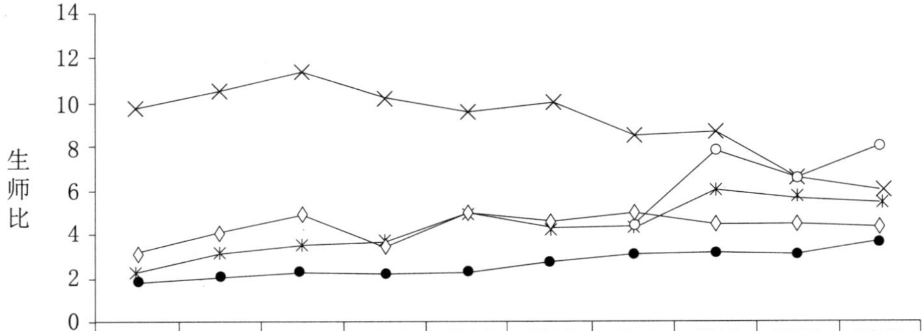

年份	2008	2009	2010	2011	2012	2013	2014	2015	2016	2017
中1	9.65	10.55	11.45	10.2	9.58	10.06	8.49	8.71	6.58	6.1
中2	1.89	2.05	2.24	2.19	2.29	2.68	3.03	3.09	3	3.62
中3	2.27	3.14	3.59	3.67	5.08	4.29	4.45	6.03	5.76	5.42
中4	3.2	4.05	5	3.4	5.1	4.65	5.05	4.5	4.5	4.32
中5	—	—	—	—	—	—	4.5	7.88	6.6	7.92

图3-2　2008—2017年中部5所样本学校义务教育阶段生师比

由图3-3可知，西1和西5两所学校的生师比整体上呈现波动下降的趋势，其中西1学校的生师比10年内均高于全国平均水平3.37，并于2011年达到最高点5.82，为全国平均水平的1.7倍；西5学校的生师比明显高于其他4所学校，并明显高于全国平均水平，最高达到9.71，是全国平均水平2.9倍。西2、西3、西4三所学校的生师比整体呈现上升的趋势，其中西2学校在2009—2013年呈现持续上升趋势，2015—2017年生师比明显高于全国平均水平，最高达6.13；西3学校、西4学校的生师比相对较低，基本持平或低于全国平均水平。整体上看，西部5所特教学校生师比差异明显，个别新建学校在校生数年度变化较大，导致生师比出现大幅波动现象。

① 王雁，朱楠. 中国特殊教育教师发展报告2014[M]. 北京师范大学出版社，2015：153.

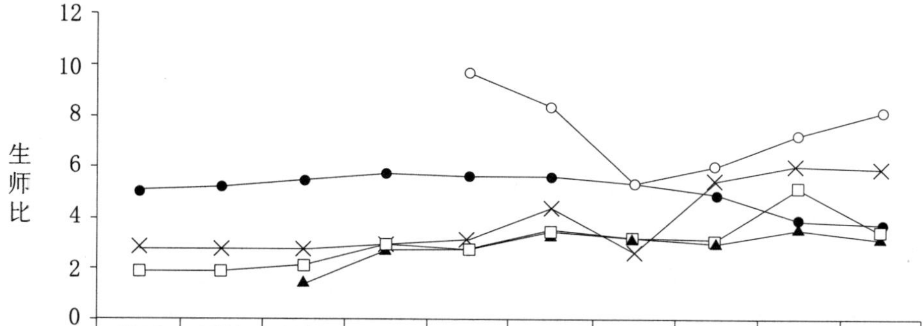

	2008	2009	2010	2011	2012	2013	2014	2015	2016	2017 年份
西1	5.12	5.24	5.48	5.85	5.62	5.69	5.42	4.93	3.93	3.79
西2	2.79	2.73	2.75	2.93	3.08	4.44	2.71	5.47	6.13	5.96
西3	1.88	1.88	2.21	2.96	2.83	3.54	3.17	3	5.17	3.38
西4	—	—	1.53	2.67	5.61	3.37	3.32	3.11	3.59	3.22
西5	—	—	—	—	9.71	8.4	5.43	6.14	7.29	8.22

图3-3 2008—2017年西部5所样本学校义务教育阶段生师比

二、班师比

班师比是指班级数量与专任教师数量的比值，特殊教育班师比=特殊教育学校班级数/特殊教育学校专任教师总数。班师比也是衡量教育质量的重要指标。

由图3-4可知，东部5所特教学校的班师比整体呈微弱上升趋势，其中东2与东4两所学校的班师比10年内均低于全国平均水平0.32（2012年）①，基本维持在1名特殊教育专任教师负责0.2～0.26个班级的工作量，说明该校教师的工作负担低于全国平均值。

东1学校班师比在2015年开始趋近全国平均水平，2015年以前均低于全国平均值。

东3和东5两所学校班师比10年内均高于全国平均值，最高达到0.64。

整体来看，东部5所特教学校的班师比处于较正常水平，虽各校之间以及与全国平均值之间存在差异，但差异不大。

① 王雁，朱楠.中国特殊教育教师发展报告2014[M].北京：北京师范大学出版社，2015：154.

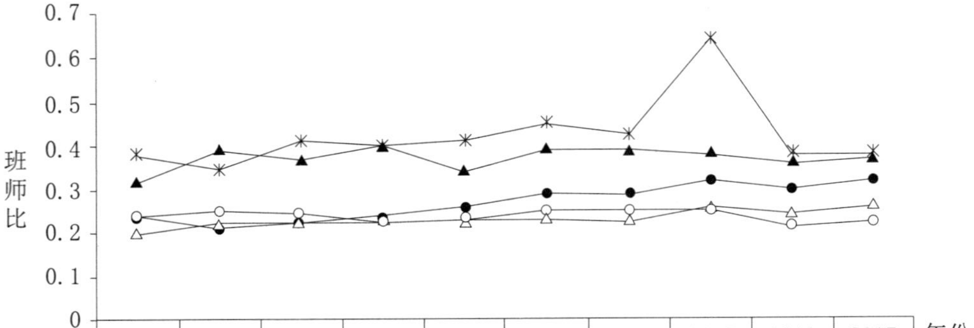

	2008	2009	2010	2011	2012	2013	2014	2015	2016	2017
东1	0.23	0.21	0.22	0.24	0.26	0.29	0.29	0.32	0.3	0.32
东2	0.2	0.22	0.22	0.24	0.22	0.23	0.22	0.26	0.24	0.26
东3	0.38	0.35	0.41	0.4	0.41	0.45	0.42	0.64	0.38	0.38
东4	0.24	0.25	0.25	0.22	0.23	0.25	0.25	0.25	0.21	0.22
东5	0.32	0.39	0.37	0.4	0.34	0.39	0.39	0.38	0.36	0.37

年份

图3-4 2008—2017年东部5所样本学校义务教育阶段班师比

由图3-5可知，2008—2017年，中部5所特教学校的班师比整体比较平稳，变化不大。除中2学校外，其余4所学校的班师比10年内都明显高于全国平均值，最高达到1，为全国平均值的近3倍。整体上看，中部5所特教学校的班师比都远远高出全国平均值，说明教师负担很重。

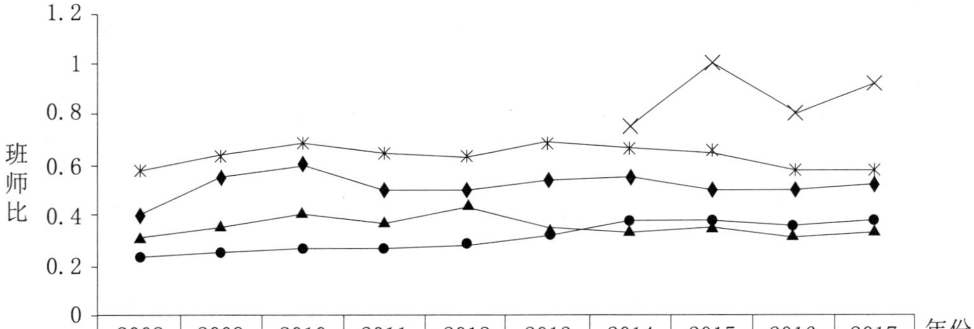

	2008	2009	2010	2011	2012	2013	2014	2015	2016	2017
中1	0.58	0.64	0.69	0.65	0.63	0.69	0.67	0.65	0.58	0.58
中2	0.24	0.26	0.27	0.27	0.29	0.32	0.38	0.38	0.36	0.38
中3	0.32	0.36	0.41	0.38	0.44	0.35	0.33	0.35	0.32	0.33
中4	0.4	0.55	0.6	0.5	0.5	0.55	0.55	0.5	0.5	0.53
中5	—	—	—	—	—	—	0.75	1	0.8	0.92

年份

图3-5 2008—2017年中部5所样本学校义务教育阶段班师比

由图3-6可知，除西1学校外，其余4所西部特教学校的班师比均呈上升趋势，截至2017年，除西5学校外，其他4所学校的班师比都低于全国平均值。西5学校作为2012开始招生的新建校，学生数增长较快，且主要以听力和视力残疾儿童为主，班师比较高，最高达0.63。西1学校的班师比10年内呈下降态势，2008—2015年均高于全国平均值，2016年后明显下降。整体看，西部样本学校的班师比低于全国平均值。

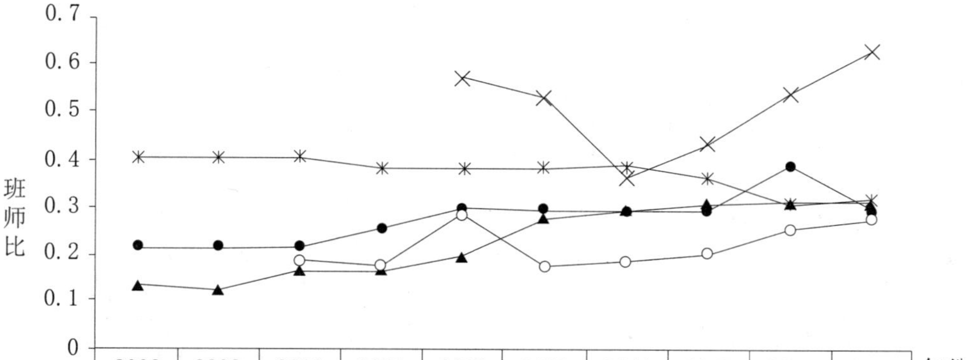

	2008	2009	2010	2011	2012	2013	2014	2015	2016	2017
西1	0.4	0.4	0.4	0.38	0.38	0.38	0.38	0.36	0.3	0.31
西2	0.13	0.12	0.16	0.16	0.19	0.27	0.29	0.31	0.31	0.31
西3	0.21	0.21	0.21	0.25	0.29	0.29	0.29	0.29	0.38	0.29
西4	—	—	0.18	0.17	0.28	0.17	0.18	0.2	0.25	0.27
西5	—	—	—	—	0.57	0.53	0.36	0.43	0.54	0.63

图3-6　2008—2017年西部5所样本学校义务教育阶段班师比

三、班额

班额是指一个班级所包含的学生数，也是直接关系到教育质量的重要指标。特教学校班额＝特殊教育学校学生总数/特殊教育学校班级总数。

由图3-7可知，东部5所特教学校中东1和东4两所学校的班额呈下降趋势，其余3所呈上升趋势。东1学校整体呈下降的趋势但维持在一个较高的范围内，最高为19.25，超过全国班额最高值（10.61，2010年）[①]，其班额大的主要原因为该校听力、视力残疾学生比例较高。东2学校班额10年间均较低，基本低于全国平均值。东3、东4两所学校的班额10年变化不大，与全国平均值接近，东5学校班额呈明显上升趋势，并于2013年开始超过全国平均值，最高达到2017年的13.36，高出平均值近30%。整体来看，东部样本学校的班额低于全国的平均值。

① 王雁，朱楠．中国特殊教育教师发展报告2014[M]．北京：北京师范大学出版社，2015：156.

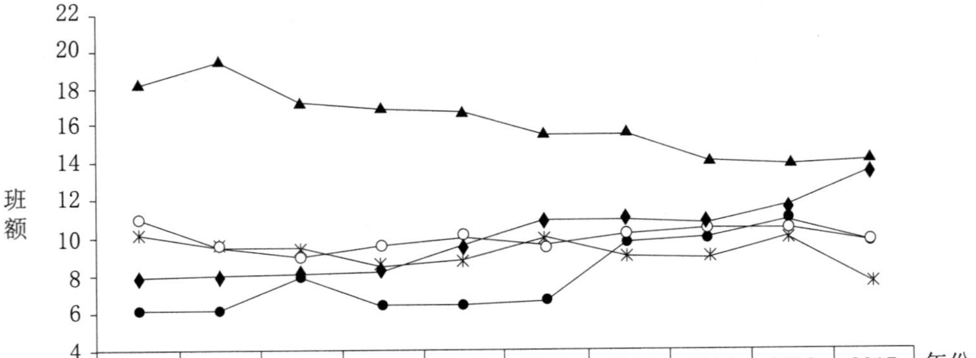

	2008	2009	2010	2011	2012	2013	2014	2015	2016	2017
▲ 东1	18.18	19.25	17.05	16.73	16.55	15.39	15.45	13.96	13.78	13.91
● 东2	6.07	6	7.79	6.43	6.43	6.64	9.55	9.87	10.8	9.6
○ 东3	10.73	9.55	8.92	9.46	9.92	9.54	10.17	10.5	10.36	9.73
✳ 东4	10.13	9.38	9.38	8.43	8.87	9.94	8.82	8.94	9.93	7.4
◆ 东5	7.78	7.91	8.09	8.08	9.46	10.73	10.93	10.67	11.57	13.36

图3-7 2008—2017年东部5所样本学校义务教育阶段班额

由图3-8可知，中部5所特教学校班额差异较大，中1学校整体呈快速下降的趋势，2014年后班额低于全国平均值；中3学校整体呈上升趋势且涨幅较大，2012年后班额超过全国平均值，最高达18.25，超过平均值75%。其余3所学校班额10年间变化不大，且全部低于全国平均值。

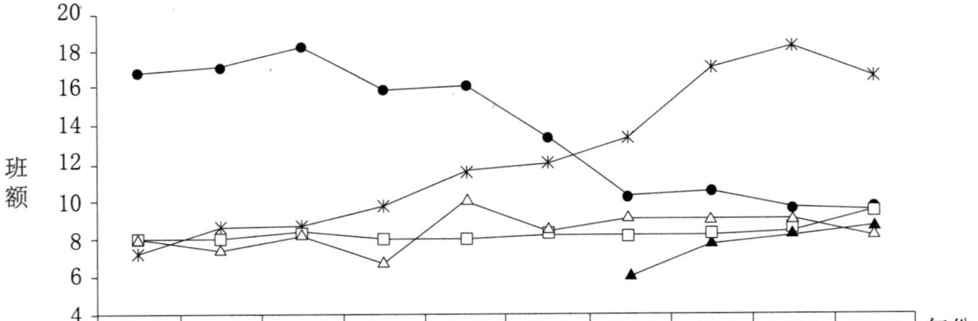

	2008	2009	2010	2011	2012	2013	2014	2015	2016	2017
● 中1	16.7	17.18	18.17	15.83	16.08	13.36	10.25	10.53	9.71	9.53
□ 中2	8	8	8.3	8.1	8	8.27	8.08	8.25	8.55	9.42
✳ 中3	7.14	8.63	8.78	9.78	11.55	12.09	13.36	17.08	18.25	16.64
△ 中4	8	7.36	8.33	6.8	10.2	8.45	9.18	9	9	8.2
▲ 中5	—	—	—	—	—	—	6	7.88	8.25	8.64

图3-8 2008—2017年中部5所样本学校义务教育阶段班额

由图3-9可知，西部5所特教学校班额波动较明显，西1、西2两所学校班额10年间变化不大，且都明显高出全国平均值（10.61），最高达到19，高出全国平均值近1倍。西5学校为新建校，2012年首次招生，班额达到17，但以后逐年下降，2017年下降到13.06，但仍高于全国平均水平。西3学校的班额变化幅度不大，且基本接近全国平均值。西4学校班额大起大落，最高为20.2，最低为8.67。

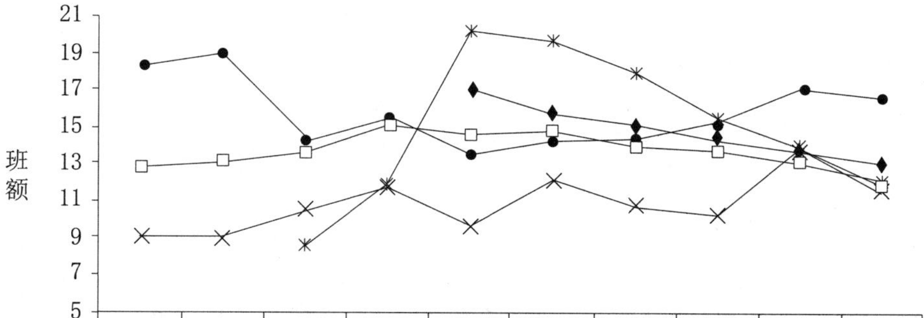

	2008	2009	2010	2011	2012	2013	2014	2015	2016	2017 年份
西1	12.8	13.1	13.7	15.2	14.6	14.8	14.1	13.8	13.11	12.22
西2	18.4	19	14.43	15.57	13.67	14.38	14.43	15.33	17.19	16.75
西3	9	9	10.6	11.83	9.71	12.14	10.86	10.29	13.78	11.57
西4	—	—	8.67	12	20.2	19.67	18	15.56	14.08	11.93
西5	—	—	—	—	17	15.75	15.2	14.33	13.6	13.06

图3-9 2008—2017年西部5所样本学校义务教育阶段班额

总体来看，中、西部特教学校班额过大现象更为严重，尤其是综合型特教学校，由于听力残疾和视力残疾儿童仍作为其主要招生对象，因此班额较大。按照《特殊教育学校建设标准》要求，盲、聋校每班12人，培智学校每班8人，西部5所特教学校班额超标严重。

四、师资情况

（一）性别比

由图3-10可知，东部5所特教学校中女性教师比例均高于男性，除东5学校的女性教师比例低于全国平均值（68.33%）[①]外，其余4所特教学校的女性教师比例均高于全国平均值，东2学校最高，为76.97%，高出全国平均值12.6%。整体看，东部5所样本学校的教师性别比例差异较大，男性教师过少。

① 教育部.教育统计数据[EB/OL].(2017-8-24)[2018-03-05].http://www.moe.edu.cn/s78/A03/moe_560/jytjsj_2016/.

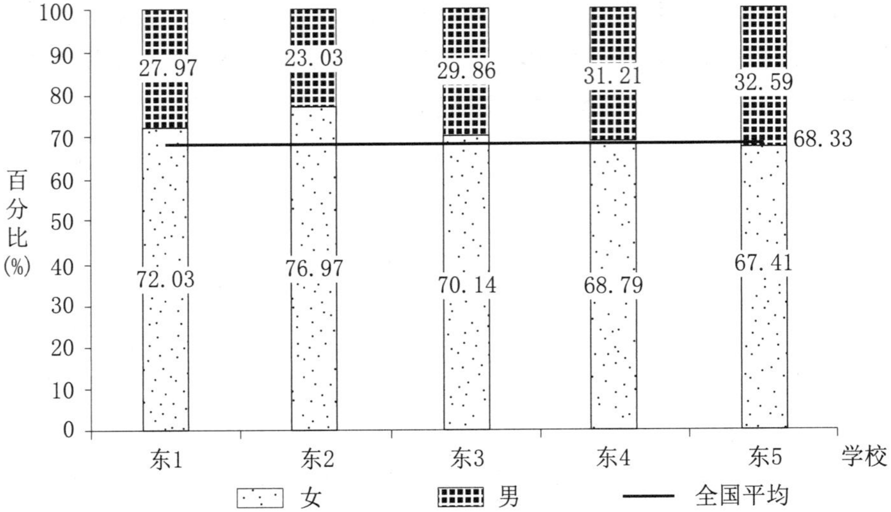

图3-10 2008—2017年东部5所样本学校教师性别比例

由图3-11可知，中部5所特教学校中女性教师比例均高于男性，其中中4和中5两所学校女性教师比例明显高于全国平均值（68.33%），最高达76.25%，而中1、中2、中3三所学校的女性教师比例均低于全国平均值，其中中1学校最低，达到55.21%。整体看，中部5所样本学校的教师性别比例差异较大，相比于东部和西部样本学校，男性教师比例相对较高。

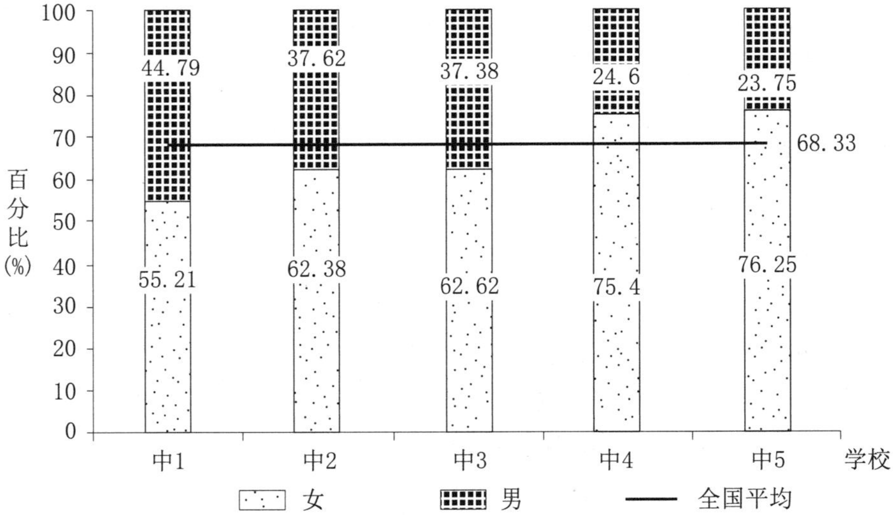

图3-11 2008—2017年中部5所样本学校教师性别比例

由图3-12可知，西部5所特教学校中女性教师比例均高于男性，西1和西5两所学校的女性教师比例高于全国平均值（68.33%），西2、西3、西4三所学校女性教师比例均低于全国平均值。整体看，西部5所样本学校的教师性别比例差异较大，相比于东部样本学校，西部5所学校的男性教师比例相对偏高。

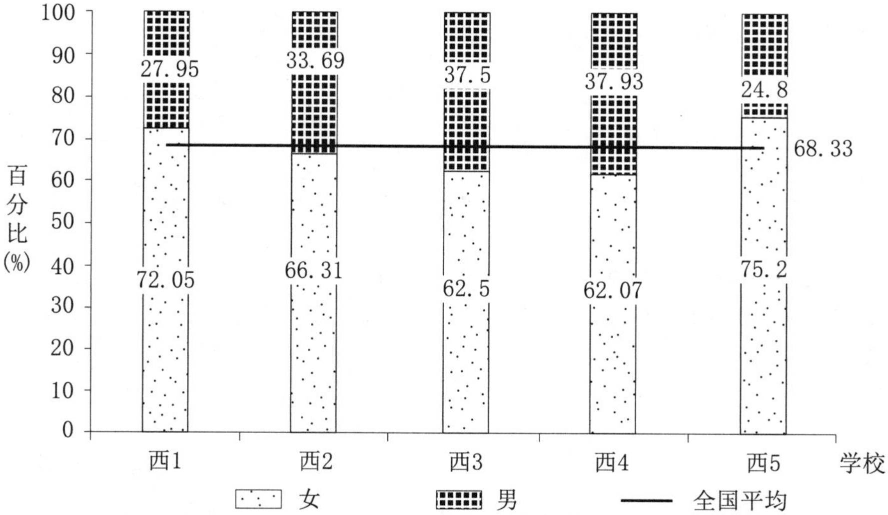

图3-12　2008—2017年西部5所样本学校教师性别比例

（二）学历

由图3-13可知，在15所样本学校中，仅有5所学校有研究生学历的教师，其中东部2所、中部1所、西部2所，且除东4学校外其余4所均为市级特教学校。东2和东4两所特教学校10年间都有研究生学历教师，中1学校自2014年开始有研究生学历教师，西1和西2两所学校分别于2015年和2016年开始有研究生学历教师。东2和东4两所学校的研究生教师比例2012年分别为4.12%和1.54%，均高于同年全国平均值（1.41%）[①]，东2学校高于同年东部地区平均值（2.15%）[②]，东4学校低于东部平均值。中1学校的研究生学历教师比例4年内呈下降的趋势，2014—2016年高于全国平均值（1.41%）和中部地区平均值0.56%（2012年）[③]，2017年研究生学历教师为0。西1学校研究生学历教师从2016年的3.33%大幅度增长到2017年的6.9%，远远超过全国平均值和西部地区研究生教师平均比例0.85%（2012年）[④]。西2学校两年内均维持在1.92%，高于全国和西部地区平均值。

整体来看，15所样本学校中，研究生学历教师总体数量较少，尽管有研究生学历教师的5所学校研究生学历教师比例高于全国及本地区平均水平，也只能说明该学校研究生学历教师比例相对较高。

① 王雁，朱楠．中国特殊教育教师发展报告2014[M]．北京：北京师范大学出版社，2015：119.
② 王雁，朱楠．中国特殊教育教师发展报告2014[M]．北京：北京师范大学出版社，2015：121.
③ 王雁，朱楠．中国特殊教育教师发展报告2014[M]．北京：北京师范大学出版社，2015：123.
④ 王雁，朱楠．中国特殊教育教师发展报告2014[M]．北京：北京师范大学出版社，2015：123.

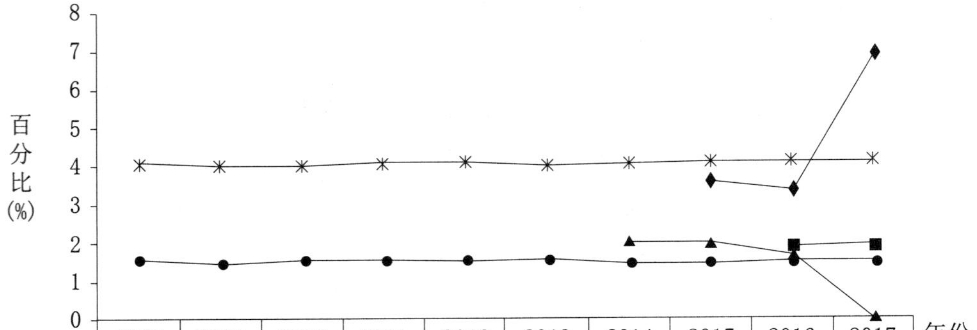

	2008	2009	2010	2011	2012	2013	2014	2015	2016	2017
东2	4.08	4.04	4.04	4.08	4.12	4.04	4.12	4.12	4.12	4.17
东4	1.59	1.5	1.59	1.56	1.54	1.52	1.47	1.49	1.49	1.47
中1	—	—	—	—	—	—	2.04	1.96	1.69	0
西1	—	—	—	—	—	—	—	3.57	3.33	6.9
西2	—	—	—	—	—	—	—	—	1.92	1.92

图3-13 2008—2017年15所样本学校中研究生学历教师比例

由图3-14可知，东部5所样本学校本科学历教师比例差异很大，但均高于全国平均值51.45%（2012年）[①]，且有4所学校高于东部地区平均值57.51%（2012年）[②]。其中，东1、东2两所学校本科学历教师比例10年间变化不大，东1学校最高为90.44%，东2学校最高为91.92%，明显高于其余3所学校。东3、东4、东5三所学校的本科学历教师比例10年间均呈上升趋势，其中东3学校上升幅度最大，对比2008年的59.38%，2017达到最高点88.24%，为2008年的1.49倍。东4、东5两所学校的本科学历教师比例也呈明显增长态势，2017年分别达到61.76%和71.05%。整体看，2所市级学校的本科教师比例明显高于3所县级学校，且差异明显。

由图3-15可知，中部5所样本学校之间本科学历教师比例差异较大，中3学校明显低于全国平均值51.45%（2012年）和中部地区平均值45.59%（2012年）[③]，且在2015年达到了最低点8.82%，最高点也仅达到21.05%（2012年）。中1学校整体呈上升趋势，且上升幅度较大，2017年相比2008年增长了39.03%，达到79.03%。中2学校增长较为平缓，但10年间均高于中部地区平均值，从2014年开始高于全国平均值。中4学校本科学历教师比例10年间基本保持不变，且高于全国中部地区平均值。中5学校本科学历教师比例变化不大，4年中均超过中部地区平均值，但除2017年外，均低于全国平均值。整体看，截至2017年，2所市级学校的本

① 王雁，朱楠．中国特殊教育教师发展报告2014[M]．北京：北京师范大学出版社，2015：119.
② 王雁，朱楠．中国特殊教育教师发展报告2014[M]．北京：北京师范大学出版社，2015：121.
③ 王雁，朱楠．中国特殊教育教师发展报告2014[M]．北京：北京师范大学出版社，2015：122.

科教师比例高于3所县级学校。

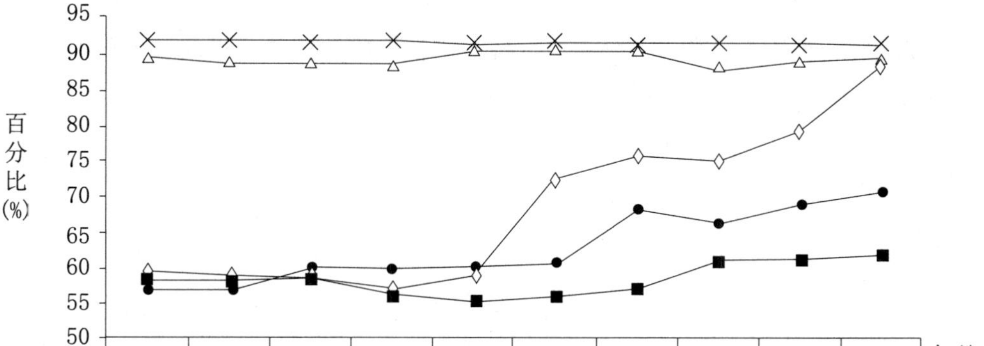

	2008	2009	2010	2011	2012	2013	2014	2015	2016	2017
东1	89.47	88.8	88.97	88.32	90.44	90.44	90.44	88.23	88.89	89.71
东2	91.84	91.92	91.92	91.84	91.7	91.92	91.75	91.75	91.75	91.67
东3	59.38	58.82	58.82	57.14	58.82	72.73	75.76	75	79.41	88.24
东4	58.73	58.73	58.73	56.25	55.38	56.06	57.35	61.19	61.19	61.76
东5	57.14	57.14	60	60	60.53	60.53	68.42	66.67	69.23	71.05

图3-14　2008—2017年东部5所样本学校本科学历教师比例

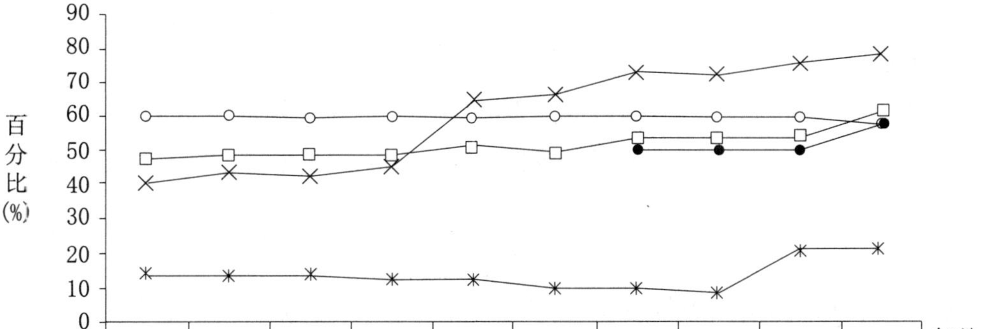

	2008	2009	2010	2011	2012	2013	2014	2015	2016	2017
中1	40	42.86	42.86	45.65	64.58	66.67	73.47	72.55	76.27	79.03
中2	47.37	48.72	48.65	48.65	51.43	50	53.13	53.13	54.55	61.76
中3	13.64	13.64	13.64	12.5	12	9.68	9.09	8.82	21.05	20.93
中4	60	60	60	60	60	60	60	60	60	57.89
中5	—	—	—	—	—	—	50	50	50	58.33

图3-15　2008—2017年中部5所样本学校本科学历教师比例

由图3-16可知，西部5所样本学校间本科学历教师比例差异较大，其中西2学校的本科教师比例远远高于其余4所学校，且10年间变化不大，最高达91.84%，超过全国平均值51.45%（2012年）和西部地区本科教师平均值45.56%（2012年）[①]。西1、西3、西4三所学校整体呈波动上升的趋势，2012年均低于全国和西部地区平

① 王雁，朱楠.中国特殊教育教师发展报告2014[M].北京：北京师范大学出版社，2015：123.

均值。2017年西1学校达到58.62%，西3、西4两所学校比例仍较低，分别为33%和22.03%。西5学校呈先下降后上升的趋势，波动幅度较大，2017年本科教师比例达到55.56%。整体看，西部5所样本学校本科教师比例整体低于东、中部地区，市级特教学校本科教师比例高于县级特教学校。

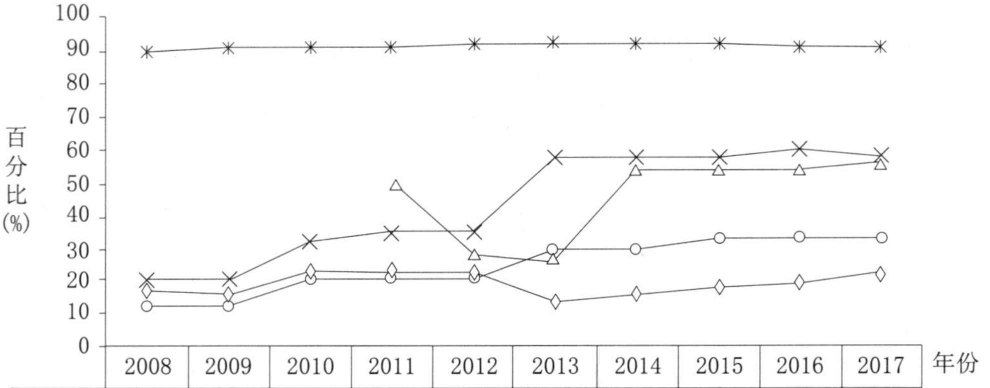

	2008	2009	2010	2011	2012	2013	2014	2015	2016	2017
西1	20	20	32	34.62	34.62	57.69	57.69	57.14	60	58.62
西2	89.74	90.24	90.9	90.9	91.67	91.67	91.84	91.84	90.38	90.38
西3	12.5	12.5	20.83	20.83	20.83	29.17	29.17	33	33	33
西4	16.67	16.67	23.53	22.22	22.22	14.29	15.79	17.78	19.61	22.03
西5	—	—	—	50	28.57	26.67	53.57	53.57	53.57	55.56

图3-16　2008—2017年西部5所样本学校本科学历教师比例

由图3-17可知，东1、东2两所特教学校10年间专科学历教师比例均较低，且基本没有变化，其余3所学校专科学历教师比例整体呈下降趋势，东4最低达5.88%。除东3外，其余4所学校10年间专科学历教师比例均低于全国平均值40.43（2012年）[①]和东部地区平均值34.30%（2012年）[②]。东3于2013年后达到较低水平。整体看，东部5所样本学校的专科教师比例普遍低于全国和东部地区平均水平，市级特教学校专科教师比例低于县级特教学校。

由图3-18可知，中1、中2两所特教学校专科学历教师比例呈下降趋势，比例较低，2012年两所学校专科教师比例分别为27.08%和28.57%，均低于全国平均值40.43%（2012年）和中部地区平均值45.93%（2012年）[③]。中3和中5两所学校的专科学历教师比例较高，2012年中3学校的专科教师比例为64%，高于全国和中部地区平均值。中4学校专科学历教师比例变化不大，整体低于全国和中部地区平均值。整体看，东部5所样本学校的专科学历教师比例较低，截至2017年，市级特教

① 王雁，朱楠．中国特殊教育教师发展报告2014[M].北京：北京师范大学出版社，2015：119.

② 王雁，朱楠．中国特殊教育教师发展报告2014[M].北京：北京师范大学出版社，2015：121.

③ 王雁，朱楠．中国特殊教育教师发展报告2014[M].北京：北京师范大学出版社，2015：122.

学校的专科教师比例低于县级特教学校。

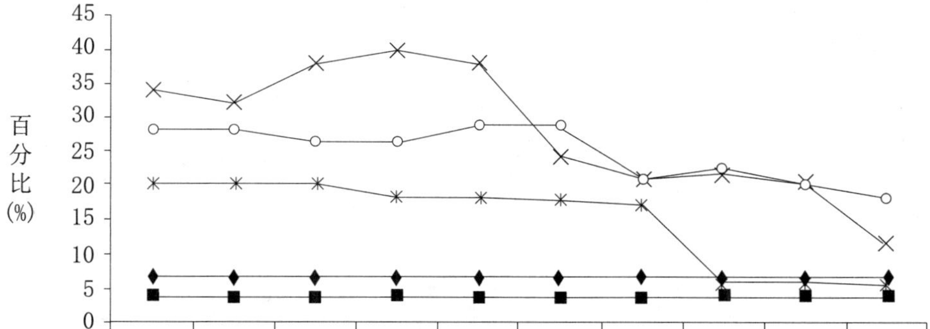

	2008	2009	2010	2011	2012	2013	2014	2015	2016	2017 年份
东1	6.77	6.72	6.62	6.57	6.62	6.62	6.62	6.62	6.67	6.62
东2	4.08	4.04	4.04	4.08	4.12	4.04	4.12	4.12	4.12	4.17
东3	34.38	32.35	38.24	40	38.24	24.24	21.21	21.88	20.59	11.76
东4	20.63	20.63	20.63	18.75	18.46	18.18	17.65	5.97	5.9	5.88
东5	28.57	28.57	26.67	26.67	28.95	28.95	21.05	23.08	20.51	18.42

图3-17　2008—2017年东部5所样本学校专科学历教师比例

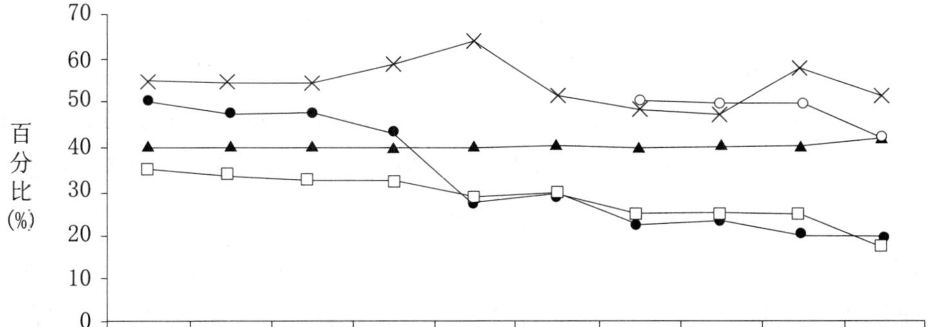

	2008	2009	2010	2011	2012	2013	2014	2015	2016	2017 年份
中1	50	47.62	47.62	43.49	27.08	29.17	22.45	23.53	20.33	19.35
中2	34.21	33.33	32.43	32.43	28.57	29.41	25	25	24.24	17.65
中3	54.55	54.55	54.55	58.33	64	51.61	48.48	47.06	57.89	51.16
中4	40	40	40	40	40	40	40	40	40	42.11
中5	—	—	—	—	—	—	50	50	50	41.67

图3-18　2008—2017年中部5所样本学校专科学历教师比例

由图3-19可知，西部5所样本学校专科学历教师比例整体呈下降趋势，其中，西2学校比例下降较微弱，且2012年专科教师比例仅为8.33%，明显低于全国平均值40.43%（2012年）和西部地区平均值47.92%（2012年）[①]。其余4所学校专科学历教师比例2012年均高于全国平均专科学历教师比例40.43%（2012年），其中西5

① 王雁，朱楠．中国特殊教育教师发展报告2014[M]．北京：北京师范大学出版社，2015：123.

和西1两所学校整体波动较大。西1学校的专科学历教师比例下降幅度最大，2017年为34.48%，比2008年下降了41.52%，西3学校在2017年专科教师比例仍为58.33%，比例较高。

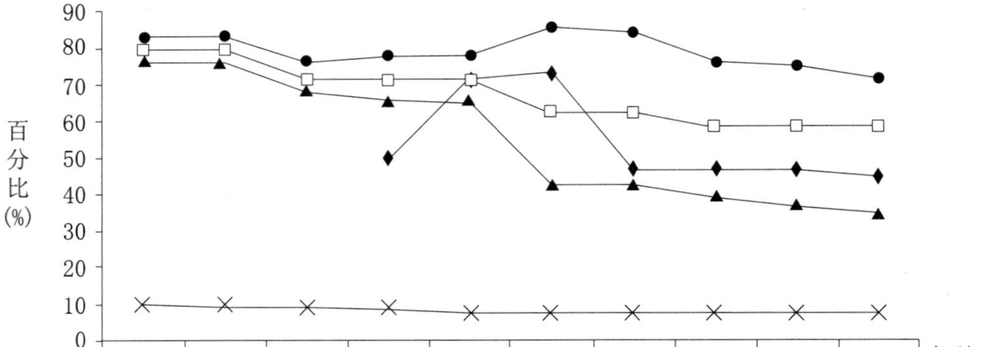

	2008	2009	2010	2011	2012	2013	2014	2015	2016	2017
西1	76	76	68	65.38	65.38	42.31	42.31	39.29	36.67	34.48
西2	10.26	9.76	9.09	9.09	8.33	8.33	8.16	8.16	7.69	7.49
西3	79.17	79.17	70.83	70.83	70.83	62.5	62.5	58.33	58.33	58.33
西4	83.33	83.33	76.47	77.78	77.78	85.71	84.21	75.56	74.51	71.19
西5	—	—	—	50	71.43	73.33	46.43	46.43	46.43	44.44

图3-19 2008—2017年西部5所样本学校专科学历教师比例

由图3-20可知，东部5所样本学校中，东2学校没有高中及以下学历教师，其余4所学校中高中及以下学历教师比例整体呈下降的态势，东4和东5两所学校的高中及以下学历教师比例分别为15.38%和10.53%，均高于全国平均值6.72%（2012年）[①]和东部地区平均值6.03%（2012年）[②]，且东4学校高中及以下学历教师比例分别是全国平均值和东部地区平均值的2.29倍和2.55倍。东1和东3两所学校的高中及以下学历教师比例基本低于全国和东部地区平均值，其中东3学校在2016年以后无高中及以下学历教师。整体看，东部样本学校高中及以下学历教师比例整体较低，市级特教学校高中及以下学历教师比例低于县级特教学校。

由图3-21可知，中4和中5两所特教学校无高中及以下学历教师，其余3所学校的高中及以下学历教师比例在2012年均高于全国平均值6.72%（2012年）和中部地区平均值7.92%（2012年）[③]，2013年以后中1学校的高中及以下学历教师比例下降显著，最低为1.61%（2017年），中2和中3两所学校高中及以下学历教师比例一直较高，2017年分别为20.59%和27.91%。

① 王雁，朱楠. 中国特殊教育教师发展报告2014[M]. 北京：北京师范大学出版社，2015：119.

② 王雁，朱楠. 中国特殊教育教师发展报告2014[M]. 北京：北京师范大学出版社，2015：121

③ 王雁，朱楠. 中国特殊教育教师发展报告2014[M]. 北京：北京师范大学出版社，2015：122.

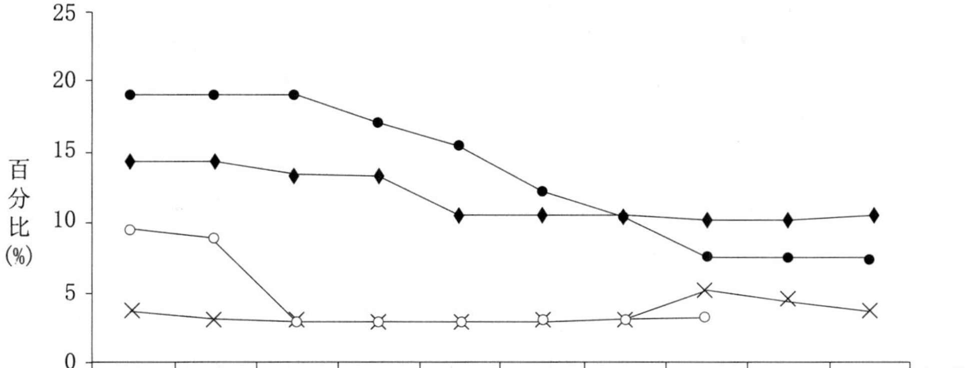

	2008	2009	2010	2011	2012	2013	2014	2015	2016	2017
东1	3.76	2.99	2.94	2.92	2.94	2.94	2.94	5.15	4.44	3.68
东3	9.38	8.82	2.94	2.86	2.94	3.03	3.03	3.13		
东4	19.05	19.05	19.05	17.19	15.38	12.12	10.29	7.46	7.46	7.35
东5	14.29	14.29	13.33	13.33	10.53	10.53	10.53	10.26	10.26	10.53

图3-20　2008—2017年东部5所样本学校高中及以下学历教师比例

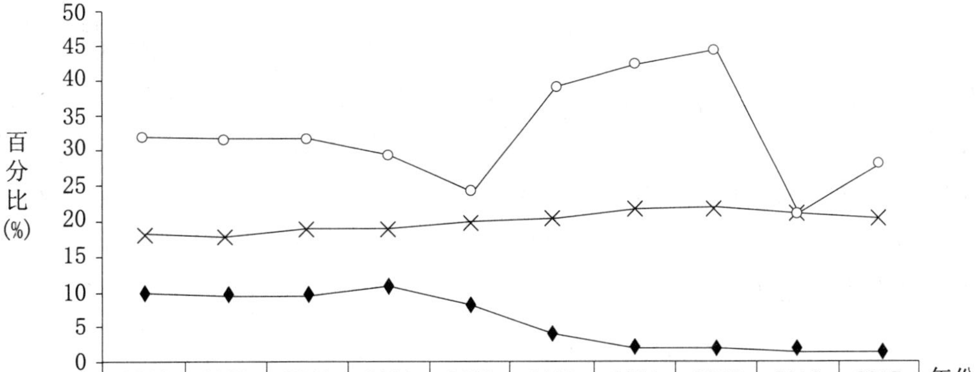

	2008	2009	2010	2011	2012	2013	2014	2015	2016	2017
中1	10	9.52	9.52	10.87	8.33	4.17	2.04	1.96	1.69	1.61
中2	18.42	17.95	18.92	18.92	20	20.59	21.88	21.88	21.21	20.59
中3	31.82	31.82	31.82	29.17	24	38.71	42.42	44.12	21.05	27.91

图3-21　2008—2017年中部5所样本学校高中及以下学历教师比例

由图3-22可知，西2和西5两所学校没有高中及以下学历教师，西3学校高中及以下学历教师比例为8.33%，超过全国平均值6.72%（2012年）和西部地区平均值6.65%（2012年）[①]，且10年不变。西1学校仅在2008年、2009年有高中及以下学历教师，占比4%，2010年后无高中及以下教师。西4学校高中及以下学历教师比例不高，只在2017年略超过西部地区和全国平均值。

① 王雁，朱楠．中国特殊教育教师发展报告2014[M]．北京：北京师范大学出版社，2015：123.

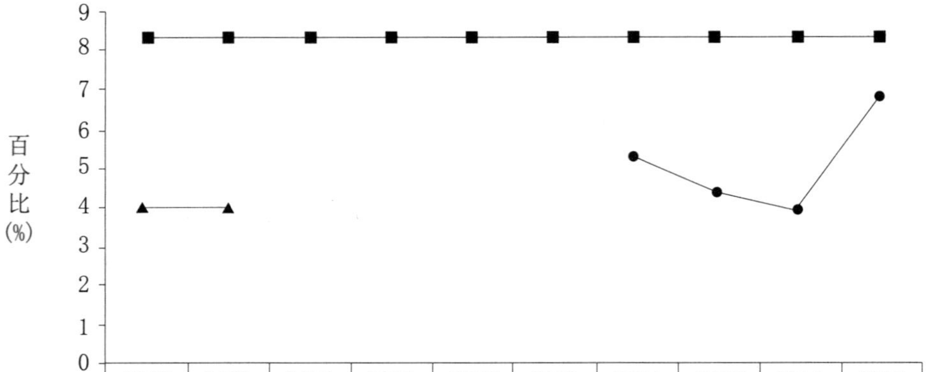

	2008	2009	2010	2011	2012	2013	2014	2015	2016	2017
▲ 西1	4	4	—	—	—	—	—	—	—	—
■ 西3	8.33	8.33	8.33	8.33	8.33	8.33	8.33	8.33	8.33	8.33
● 西4	—	—	—	—	—	—	5.26	4.44	3.92	6.78

年份

图3-22 2008—2017年西部5所样本学校高中及以下学历教师比例

（三）专业

由图3-23可知，东部5所样本学校中特教专业教师比例整体变化幅度不大，东1和东2两所学校的特教专业教师比例10年间基本持平。东3学校整体呈上升趋势，2017年达到最高点38.26%，是2008年的1.53倍。东4和东5两所学校特教专业教师比例变化不大，且比例均较高，2012年分别为44.62%和60.53%。整体看，东部5所样本学校中特教专业教师比例相对较高，其中东5学校的比例明显高于其他4所学校和中、西部地区样本学校。

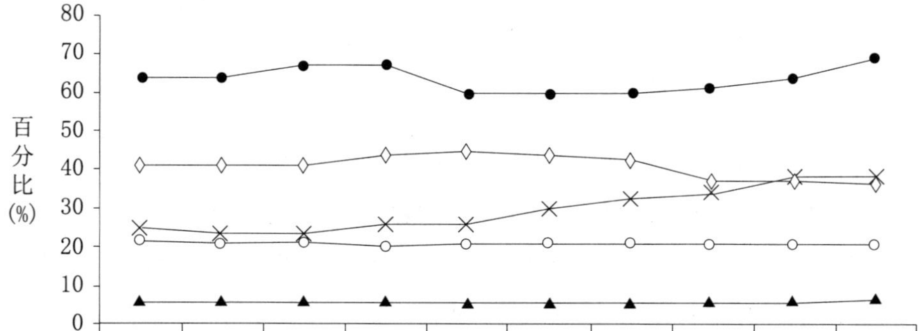

	2008	2009	2010	2011	2012	2013	2014	2015	2016	2017
○ 东1	21.05	20.9	20.59	20.44	20.59	20.59	20.59	20.59	20.74	20.59
▲ 东2	6.12	6.06	6.06	6.12	6.19	6.06	6.19	6.19	6.19	6.25
× 东3	25	23.53	23.53	25.71	26.47	30.3	33.33	34.38	38.24	38.26
◇ 东4	41.27	41.27	41.27	43.75	44.62	43.94	42.65	37.31	37.31	36.76
● 东5	64.29	64.29	66.67	66.67	60.53	60.53	60.53	61.54	64.1	68.42

年份

图3-23 2008—2017年东部5所样本学校特教专业教师比例

由图3-24可知，中部5所样本学校特教专业教师比例整体变化不大，但校间差异较大。中1学校比例最高达57.14%（2009年），之后又缓慢下降。中2和中3两所学校2008年特教专业教师比例基本相当，中2学校在2017年特教专业教师比例上升到29.41%，比2008年增长了10个百分点。中3学校则在2017年下降到4.65%，下降了13.53%。中4和中5两所学校的比例变化不大，中4学校的特教专业教师比例一直在15%左右，比例较低，中5学校为新建校，特教专业教师比例为50%～60%，相对较高。整体看，除中1学校外，中部其他样本学校特教专业教师比例不高。

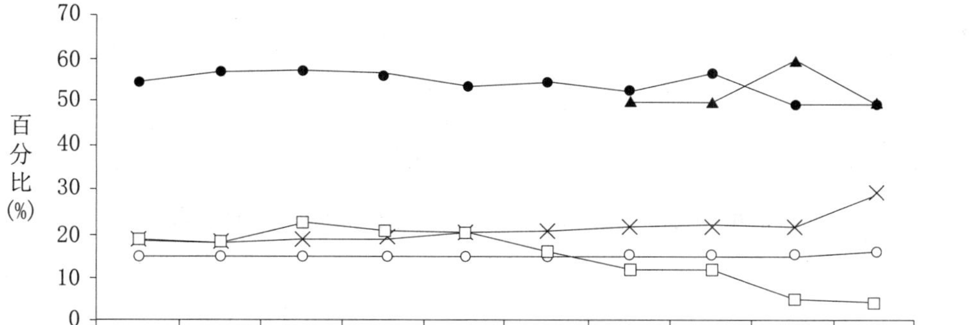

	2008	2009	2010	2011	2012	2013	2014	2015	2016	2017
中1	55	57.14	57.14	56.52	54.17	54.17	53.06	56.86	49.15	50
中2	18.42	17.95	18.92	18.92	20	20.59	21.88	21.88	21.21	29.41
中3	18.18	18.18	22.73	20.83	20	16.13	12.12	11.76	5.26	4.65
中4	15	15	15	15	15	15	15	15	15	15.79
中5	—	—	—	—	—	—	50	50	60	50

图3-24　2008—2017年中部5所样本学校特教专业教师比例

由图3-25可知，西3学校无特教专业教师，其余4所样本学校的特教专业教师比例偏低。西4学校的特教专业教师比例最高，2008年达到50%，2009年之后呈下降趋势，2017年比例为42.37%。西1学校呈上升趋势，2017年达到37.93%，西2和西5两所学校的比例均低于20%。整体看，西部5所样本学校的特教专业教师比例低于东部和中部地区样本学校。

由图3-26可知，15所样本学校中仅有7所学校有康复专业教师，其中东部4所、中部2所、西部1所。东1、东3和西4三所学校10年间均有康复专业教师，东1和东3两所学校康复专业教师比例变化不大，一直在10%以下，西4学校康复专业教师比例亦较低，且2013年起呈下降趋势，2017年比例为5.08%。2014年中5学校康复专业教师比例为25%，以后呈下降趋势，2017年为16.67%，但相对其他学校来说，比例最高。其他几所学校康复专业教师比例均较低。整体看，样本学校中康复专业背景的教师比例很小，但东部明显优于中、西部。

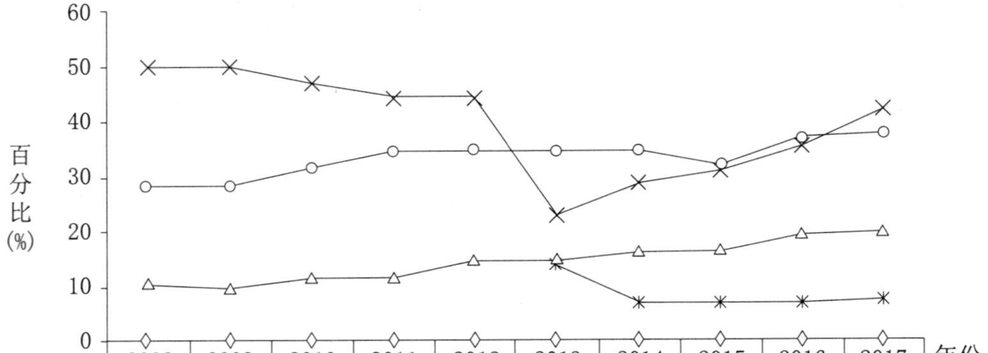

	2008	2009	2010	2011	2012	2013	2014	2015	2016	2017
—○— 西1	28	28	32	34.62	34.62	34.61	34.62	32.14	36.67	37.93
—△— 西2	10.26	9.76	11.36	11.36	14.58	14.58	16.33	16.33	19.23	19.23
—◇— 西3	0	0	0	0	0	0	0	0	0	0
—×— 西4	50	50	47.06	44.44	44.44	22.86	28.95	31.11	35.29	42.37
—*— 西5	—	—	—	—	—	13.33	7.14	7.14	7.14	7.41

图3-25 2008—2017年西部5所样本学校特教专业教师比例

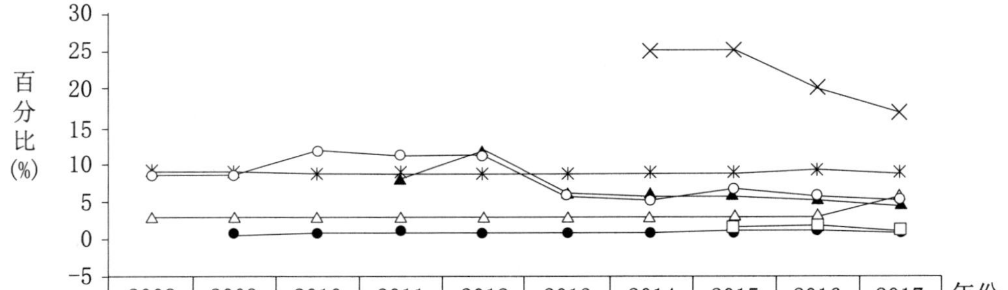

	2008	2009	2010	2011	2012	2013	2014	2015	2016	2017
—*— 东1	9.02	8.96	8.82	8.76	8.82	8.82	8.82	8.82	8.89	8.82
—●— 东2		1.01	1.01	1.02	1.03	1.01	1.03	1.03	1.03	1.04
—△— 东3	3.13	2.94	2.94	2.86	2.94	3.03	3.03	3.13	2.94	5.88
—□— 东4	—	—	—	—	—	—	—	1.49	1.49	1.47
—▲— 中3	—	—	—	8.33	12	6.45	6.06	5.88	5.26	4.65
—×— 中5	—	—	—	—	—	—	25	25	20	16.67
—○— 西4	8.33	8.33	11.76	11.11	11.11	5.71	5.26	6.67	5.88	5.08

图3-26 2008—2017年15所样本学校康复专业教师比例

由图3-27可知，东3、东5两所学校其他专业教师（数学、语文等学科）[①]比例呈下降趋势，其余3所学校比例变化较小。其中，东2学校的其他专业教师比例最高，10年间均在90％以上，除东5学校的其他专业教师比例低于40％以外，其他三

① 注:其他专业指除特教和康复之外的专业,具体包括大部分的语文、数学等师范类专业和小部分的非师范类专业。

所学校的其他专业教师比例均超过50%，2017年东1学校、东3学校、东4学校分别为70.59%、55.88%、61.76%。整体看，东部5所样本学校的其他专业教师比例很高。

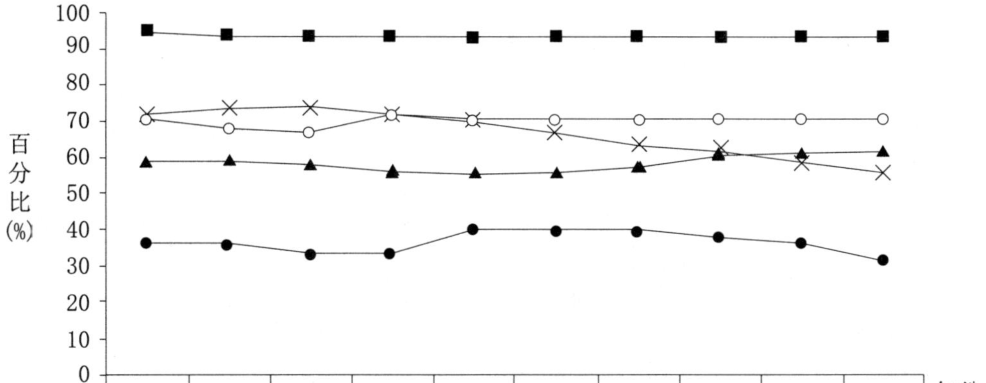

	2008	2009	2010	2011	2012	2013	2014	2015	2016	2017
东1	69.92	67.91	66.91	70.8	70.59	70.59	70.59	70.59	70.37	70.59
东2	93.88	92.93	92.93	92.86	92.79	92.93	92.79	92.79	92.79	92.71
东3	71.88	73.53	73.53	71.43	70.59	66.67	63.64	62.5	58.82	55.88
东4	58.73	58.73	58.73	56.25	55.38	56.06	57.35	61.19	61.19	61.76
东5	35.71	35.71	33.33	33.33	39.47	39.47	39.47	38.46	35.9	31.58

图3-27　2008—2017年东部5所样本学校其他专业教师比例

由图3-28可知，中部5所样本学校的其他专业教师比例校间差异较大，但比例年度变化不大。中1学校的其他专业教师比例10年中稳定在40%～50%，中5学校为新建校，其他专业教师比例较低，2017年为33.33%。而中2、中3和中4三所学校的其他教师比例基本在80%左右，且变化幅度不大。整体上看，除新建特教学校外，中部样本学校其他专业教师比例较高。

由图3-29可知，西部5所样本学校其他专业教师比例校间差异明显，比例最高的西3学校，10年间教师全部为其他专业，比例为100%。其次为西5学校，比例自2012年的100%下降为2017年的92.59%。再次为西2学校，比例在80%～90%，呈小幅下降趋势。而西1和西4两所学校的其他专业教师比例相对略低，2017年西1学校为62.07%，西4学校为52.54%，相比于2008年，西1学校下降了近10个百分点，西4学校上升了10个百分点。整体上看，西部5所样本学校的其他专业教师比例很高。

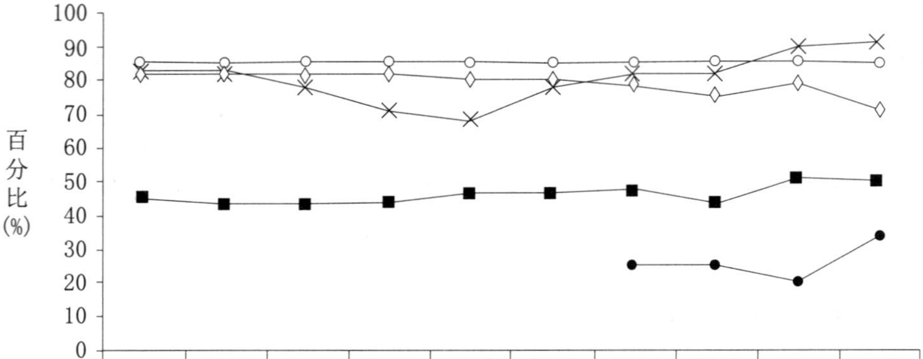

	2008	2009	2010	2011	2012	2013	2014	2015	2016	2017
■ 中1	45	42.86	42.86	43.49	45.83	45.83	46.94	43.14	50.85	50
◇ 中2	81.58	82.05	81.08	81.08	80	79.41	78.13	75	78.79	70.59
× 中3	81.81	81.82	77.2	70.83	68	77.42	81.82	82.35	89.47	90.7
○ 中4	85	85	85	85	85	85	85	85	85	84.21
● 中5	—	—	—	—	—	—	25	25	20	33.33

年份

图3-28　2008—2017年中部5所样本学校其他专业教师比例

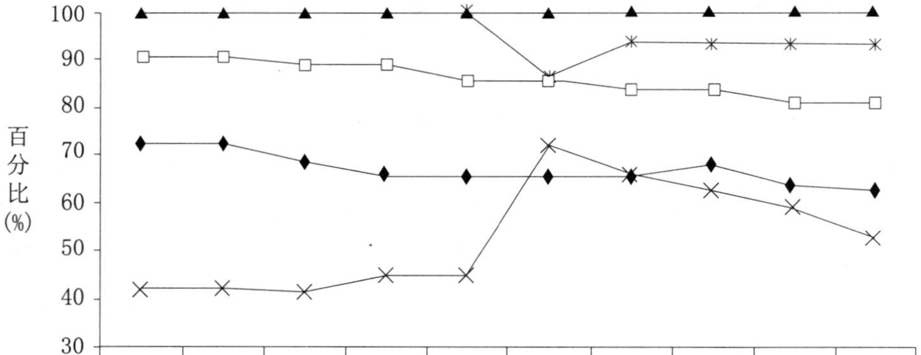

	2008	2009	2010	2011	2012	2013	2014	2015	2016	2017
◆ 西1	72	72	68	65.38	65.38	65.38	65.39	67.86	63.33	62.07
□ 西2	89.74	90.24	88.64	88.64	85.42	85.42	83.67	83.67	80.79	80.79
▲ 西3	100	100	100	100	100	100	100	100	100	100
× 西4	41.67	41.67	41.18	44.44	44.44	71.43	65.79	62.22	58.82	52.54
✳ 西5	—	—	—	—	100	86.67	92.86	92.86	92.86	92.59

年份

图3-29　2008—2017年西部5所样本学校其他专业教师比例

（四）职称

由图3-30可知，东部5所样本学校中有4所学校有中学高级职称的教师（东3学校无），且均呈上升的趋势。其中东2学校上升最快，2017年比2008年增长了23.09%，其次是东5学校，2017年比2012年增长了15.79%，东1学校的中学高级职称教师比例最高，2017年为28.68%，东4学校比例最低，均在10%以下，且涨幅较小。东1、东2和东5三所学校中学高级职称教师比例均高于全国特教学校平均值8.12%（2012年）①和东部地区平均值7.42%（2012年）②。整体来看，东部5所样本学校的中学高级职称教师比例高于全国平均水平。

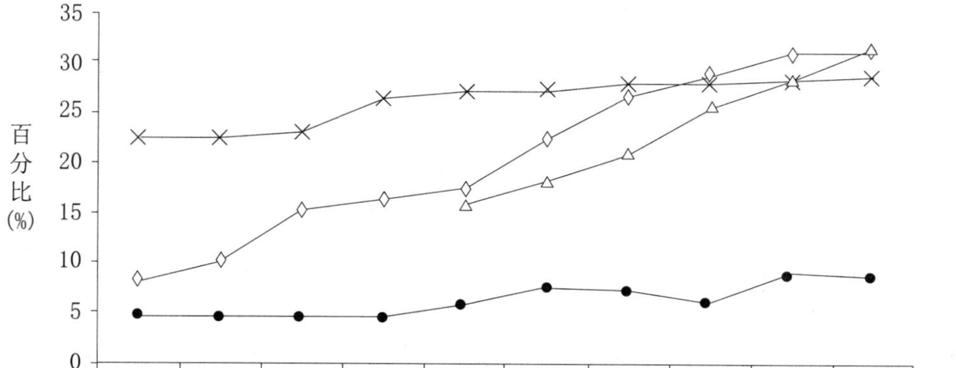

	2008	2009	2010	2011	2012	2013	2014	2015	2016	2017
东1	22.56	22.39	22.79	26.28	27.21	27.21	27.94	27.94	28.15	28.68
东2	8.16	10.1	15.15	16.33	17.53	22.22	26.8	28.87	30.93	31.25
东4	4.76	4.76	4.76	4.69	6.15	7.58	7.35	5.97	8.96	8.82
东5	—	—	—	—	15.79	18.42	21.05	25.64	28.21	31.58

图3-30　2008—2017年东部5所样本学校中学高级职称教师比例

由图3-31可知，中部5所样本学校的中学高级职称教师比例校间差异较大，中3和中4两所学校10年间均有中学高级职称教师，其余3所分别于2010年、2013年和2014年开始有中学高级职称教师。中3学校的中学高级职称教师比例偏低，但年度变化不大，2012年为4%，低于全国平均值8.12%（2012年）和中部地区平均值9.76%（2012年）③。中4学校的中学高级职称教师比例达25%，且年度变化很小，比例超过全国和中部地区平均值。中1和中2两所学校的中学高级职称教师比例上升明显，2017年分别达到19.35%和29.41%。中5学校呈下降趋势，2017年为16.67%。

由图3-32可知，西部5所样本学校中，只有西2一所学校10年间均有中学高级职称教师，2012年比例为27.08%，高于全国平均值8.12%（2012年）和西部地区平均值7.46%（2012年）④。西5学校自2011年开始有中学高级职称教师，比例最高为50%，远远高于全国及西部地区平均值。西1学校于2014年达到最高点

① 王雁，朱楠．中国特殊教育教师发展报告2014[M]．北京：北京师范大学出版社，2015：128.

② 王雁，朱楠．中国特殊教育教师发展报告2014[M]．北京：北京师范大学出版社，2015：129.

③ 王雁，朱楠．中国特殊教育教师发展报告2014[M]．北京：北京师范大学出版社，2015：131.

④ 王雁，朱楠．中国特殊教育教师发展报告2014[M]．北京：北京师范大学出版社，2015：132.

11.54%，最低为3.85%，西3学校无中学高级职称教师。整体看，西部样本学校中，中学高级职称教师比例略低于东部和中部。

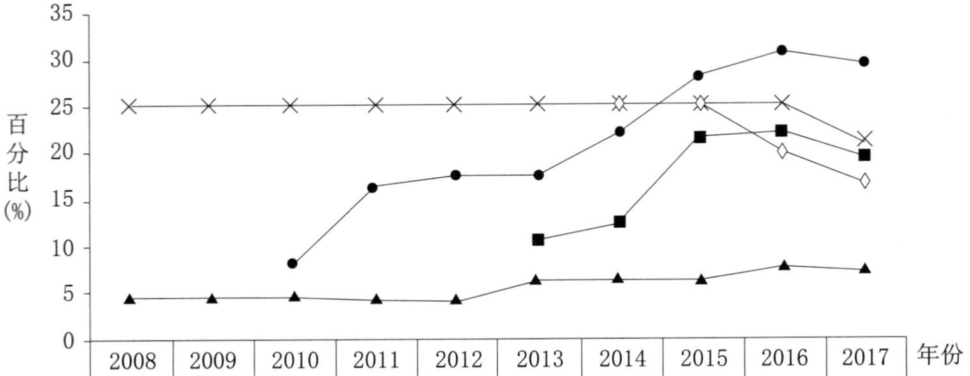

	2008	2009	2010	2011	2012	2013	2014	2015	2016	2017
中1	—	—	—	—	—	10.42	12.24	21.57	22.03	19.35
中2	—	—	8.11	16.22	17.14	17.64	21.88	28.13	30.3	29.41
中3	4.55	4.55	4.55	4.17	4	6.45	6.06	5.88	7.89	6.98
中4	25	25	25	25	25	25	25	25	25	21.05
中5	—	—	—	—	—	—	25	25	20	16.67

图3-31 2008—2017年中部5所样本学校中学高级职称教师比例

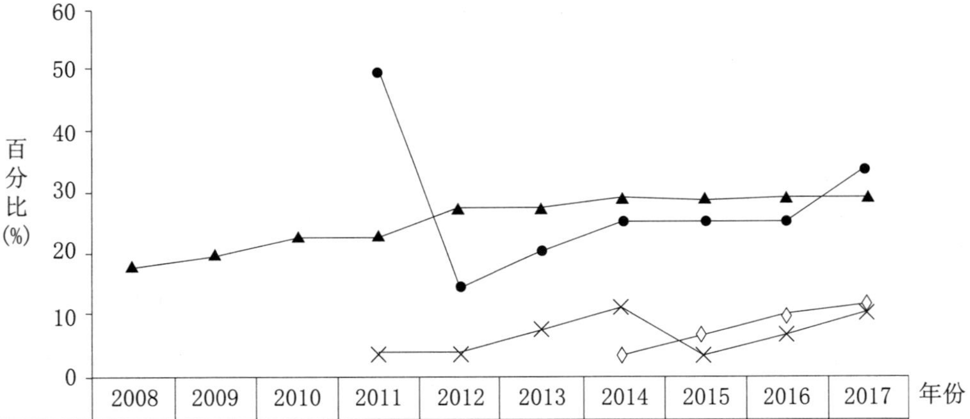

	2008	2009	2010	2011	2012	2013	2014	2015	2016	2017
西1	—	—	—	3.85	3.85	7.69	11.54	3.57	6.67	10.34
西2	17.95	19.51	22.73	22.73	27.08	27.08	28.57	28.57	28.85	28.85
西4	—	—	—	—	—	—	2.63	6.67	9.8	11.86
西5	—	—	—	50	14.29	20	25	25	25	33.33

图3-32 2008—2017年西部5所样本学校中学高级职称教师比例

由图3-33可知，东1学校没有小学高级职称教师（因为该校高级职称都走中学系列），其余4所学校10年间均有小学高级职称教师，但所占比例的校间差异较大，最高的东4学校在2010年比例达到65.08%，其次是东5学校，比例于2012年达到最高点44.74%。东4和东5两所学校的小学高级职称教师比例整体呈缓慢下降趋势。东2和东3两所学校小学高级职称教师比例整体呈上升趋势，东2学校上升幅度很大，2017年比2008年上升了40.9%，东3学校上升了23.16%。东4学校的小学高级职称教师比例明显高于全国平均值50.15%（2012年）①和东部地区平均值52.73%（2012年）②，东2学校于2014年后高于50%，东3和东5两所学校的小学高级职称教师比例一直较低。整体看，东部5所样本学校的小学高级职称教师比例低于全国平均水平和东部地区平均值。

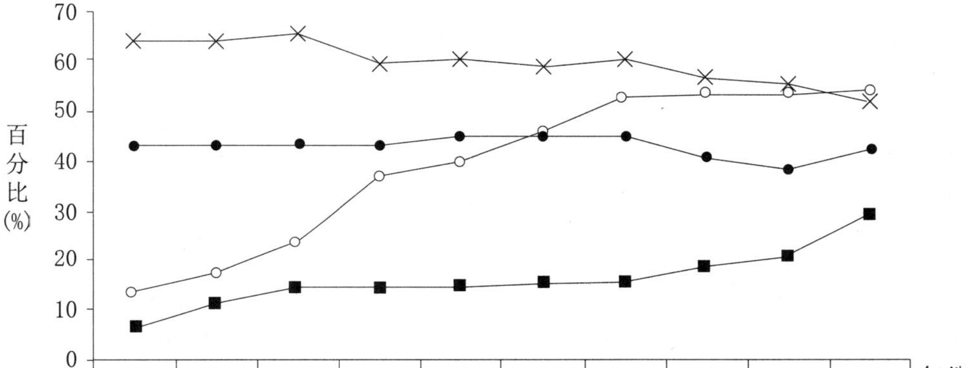

	2008	2009	2010	2011	2012	2013	2014	2015	2016	2017
东2	13.27	17.17	23.23	36.73	40.21	45.45	52.58	53.61	53.61	54.17
东3	6.25	11.76	14.71	14.29	14.71	15.15	15.15	18.75	20.59	29.41
东4	63.49	63.49	65.08	59.38	60	59.09	60.29	56.72	55.22	51.47
东5	42.86	42.86	43.33	43.33	44.74	44.74	44.74	41.03	38.46	42.11

图3-33　2008—2017年东部5所样本学校小学高级职称教师比例

由图3-34可知，中部样本学校中，中4学校的小学高级职称教师比例较高，且变化幅度很小，2008—2016年均保持在60%，2017年有小幅上升，高于全国平均值50.15%（2012年）和中部地区平均值50.76%（2012年）③。中5学校的小学高级职称教师比例较低，2017年仅16.67%。其余3所学校差异不大，且整体呈下降趋势，2012年小学高级职称教师比例均低于全国和中部地区平均值。整体看，中部5所样本学校的小学高级职称教师比例低于全国和东部地区平均水平，且略低于中部地区平均值。

① 王雁，朱楠．中国特殊教育教师发展报告2014[M]．北京：北京师范大学出版社，2015：128.
② 王雁，朱楠．中国特殊教育教师发展报告2014[M]．北京：北京师范大学出版社，2015：129.
③ 王雁，朱楠．中国特殊教育教师发展报告2014[M]．北京：北京师范大学出版社，2015：131.

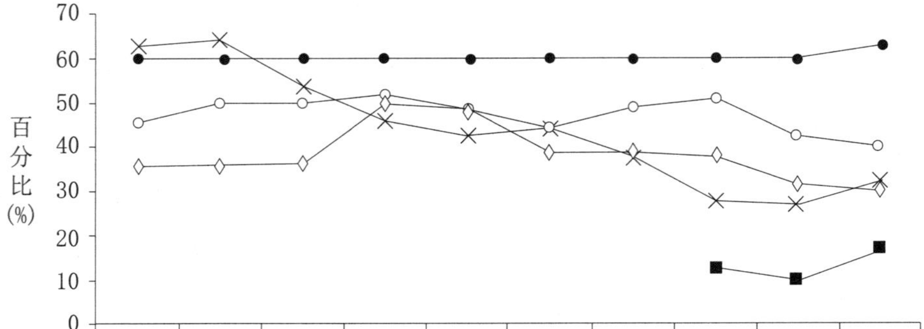

	2008	2009	2010	2011	2012	2013	2014	2015	2016	2017
年份										
中1	45	50	50	52.17	47.92	43.75	48.98	50.98	42.37	40.32
中2	63.16	64.1	54.05	45.95	42.86	44.12	37.5	28.13	27.27	32.35
中3	36.36	36.36	36.36	50	48	38.71	39.39	38.24	31.58	30.23
中4	60	60	60	60	60	60	60	60	60	63.16
中5	—	—	—	—	—	—	—	12.5	10	16.67

图3-34　2008—2017年中部5所样本学校小学高级职称教师比例

由图3-35可知，除西3学校外，西部样本学校的小学高级职称教师比例整体呈上升趋势，但上升幅度不大。其中，西5学校整体比例较高，2012年为57.14%，超过全国平均值50.15%（2012年）和西部地区平均值43.33%（2012年）①。西2、西3、西4三所学校10年间均低于全国平均小学高级职称教师比例50.15%（2012年）。整体来看。西部5所样本学校的小学高级职称教师比例低于中、东部和全国平均水平，且略低于西部整体水平。

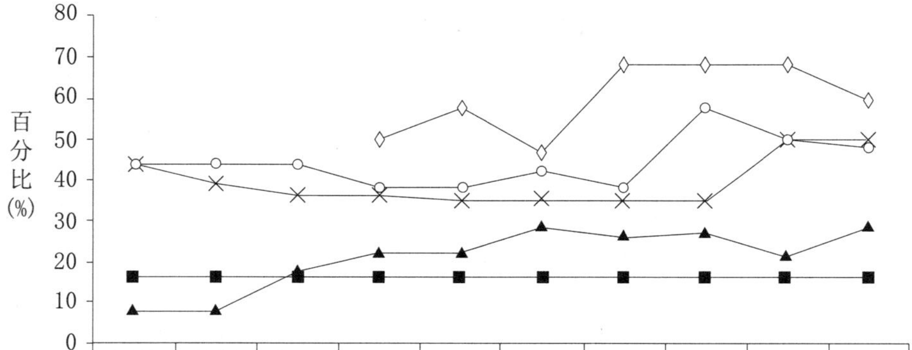

	2008	2009	2010	2011	2012	2013	2014	2015	2016	2017
年份										
西1	44	44	44	38.46	38.46	42.31	38.46	57.14	50	48.27
西2	43.59	39.02	36.36	36.36	35.42	35.42	34.7	34.7	50	50
西3	16.67	16.67	16.67	16.67	16.67	16.67	16.67	16.67	16.67	16.67
西4	8.33	8.33	17.65	22.22	22.22	28.57	26.32	26.67	21.57	28.81
西5	—	—	—	50	57.14	46.67	67.86	67.86	67.86	59.26

图3-35　2008—2017年西部5所样本学校小学高级职称教师比例

① 王雁，朱楠．中国特殊教育教师发展报告2014[M]．北京：北京师范大学出版社，2015：132.

由图3-36可知，东1和东4两所学校整体呈上升趋势，但上升幅度不大。2012年东1学校的小学一级职称教师比例为33.09%，超过全国平均值29.53%（2012年）①和东部地区平均值27.56%（2012年）②。东2学校整体呈下降趋势并于2016年下降到最低点12.37%，下降幅度较大，10年间下降了64个百分点。东5学校亦呈下降的趋势，2017年下降到最低点18.42%，10年间下降了24.44%。东3学校10年间均维持在50%～60%，超过全国和东部地区平均值。

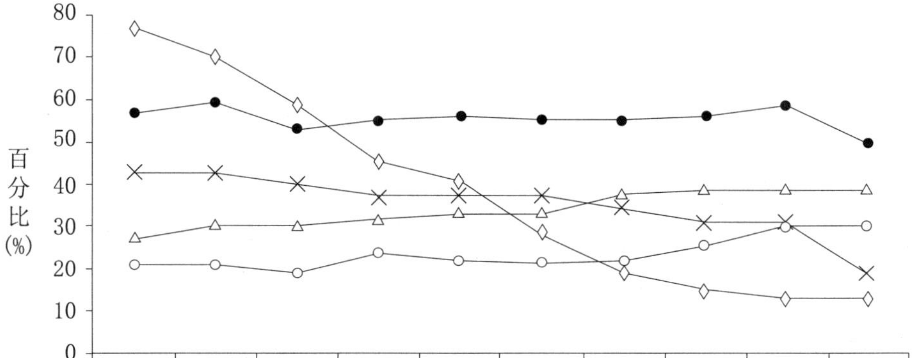

	2008	2009	2010	2011	2012	2013	2014	2015	2016	2017
东1	27.07	29.85	29.41	31.39	33.09	33.09	37.5	38.34	38.52	38.24
东2	76.53	69.7	58.59	44.9	40.21	28.28	18.56	14.43	12.37	12.5
东3	56.25	58.82	52.94	54.29	55.88	54.55	54.55	56.25	58.82	50
东4	20.63	20.63	19.05	23.43	21.54	21.21	22.06	25.37	29.85	29.41
东5	42.86	42.86	40	36.67	36.84	36.84	34.21	30.77	30.77	18.42

图3-36　2008—2017年东部5所样本学校小学一级职称教师比例

由图3-37可知，中2学校的小学一级职称教师职称比例10年间波动幅度较小，维持在一个相对稳定的范围内（30%～38%），中1学校于2012年达到最高点43.75%，均超过全国平均值29.53%（2012年）和中部地区平均29.56（2012年）③。中3学校整体呈下降趋势，从2010年的27.27%大幅度降到2011年的8.33%，并于2015年降到最低点5.88%。中3、中4、中5三所学校的小学一级职称教师比例均低于全国和中部地区平均值。

由图3-38可知，西部5所样本学校中，除西3学校10年间均保持在79.17%的高比例外，其他4所学校的小学一级职称教师比例均呈下降趋势，但校间差异较大，2012年西4学校比例为72.22%，西1学校为57.69%，西2学校为37.5%。除西5学校外小学一级职称教师比例均高于全国平均值29.53%（2012年）和西部地区平均

① 王雁，朱楠.中国特殊教育教师发展报告2014[M].北京：北京师范大学出版社，2015：128.

② 王雁，朱楠.中国特殊教育教师发展报告2014[M].北京：北京师范大学出版社，2015：129.

③ 王雁，朱楠.中国特殊教育教师发展报告2014[M].北京：北京师范大学出版社，2015：131.

值34.05%（2012年）[1]。整体看，西部5所样本学校的小学一级职称教师比例高于全国和西部地区平均值，西3学校10年间教师数量和职称无变化，说明该校教师更新和补充不足。

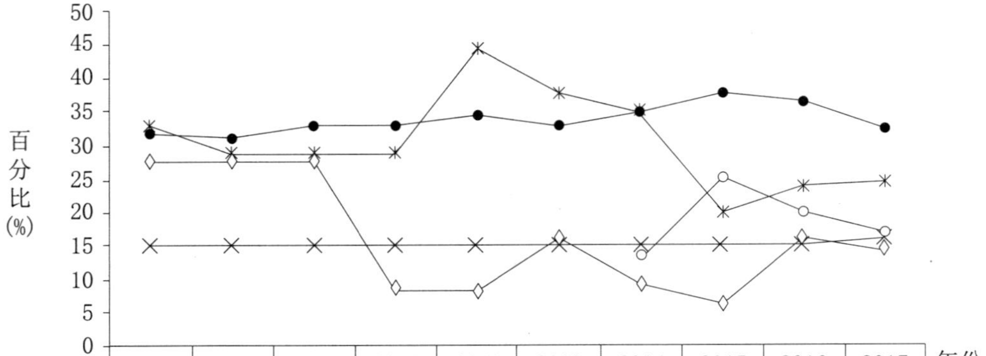

	2008	2009	2010	2011	2012	2013	2014	2015	2016	2017
中1	32.5	28.57	28.57	28.26	43.75	37.5	34.69	19.61	23.73	24.19
中2	31.58	30.77	32.43	32.43	34.29	32.35	34.38	37.5	36.36	32.35
中3	27.27	27.27	27.27	8.33	8	16.13	9.09	5.88	15.79	13.95
中4	15	15	15	15	15	15	15	15	15	15.79
中5	—	—	—	—	—	—	12.5	25	20	16.67

图3-37　2008—2017年中部5所样本学校小学一级职称教师比例

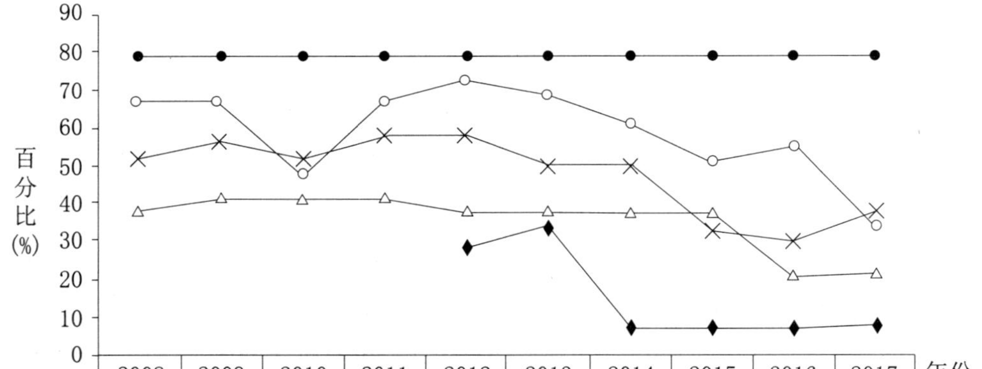

	2008	2009	2010	2011	2012	2013	2014	2015	2016	2017
西1	52	56	52	57.69	57.69	50	50	32.14	30	37.93
西2	38.46	41.46	40.9	40.9	37.5	37.5	36.73	36.73	21.15	21.15
西3	79.17	79.17	79.17	79.17	79.17	79.17	79.17	79.17	79.17	79.17
西4	66.67	66.67	47.06	66.67	72.22	68.57	60.53	51.11	54.9	32.2
西5	—	—	—	—	28.57	33.33	7.14	7.14	7.14	7.41

图3-38　2008—2017年西部5所样本学校小学一级职称教师比例

由图3-39可知，东部5所样本学校的小学二级职称教师比例校间差异巨大，东

① 王雁，朱楠．中国特殊教育教师发展报告2014[M]．北京：北京师范大学出版社，2015：131.

2学校无小学二级职称教师，说明该校近年来无新入职教师，东1学校小学二级职称教师比例呈小幅上升趋势，最高为19.12%（2017年），东3学校呈波动下降趋势，且下降幅度很大，2017年下降到最低点8.82%，比2008年下降了22.43%。东1和东3两所学校的小学二级职称教师比例远远高于全国平均值3.09%（2012年）①和东部地区平均值2.75%（2012年）。东4学校于2015年后开始超过全国和东部地区平均值；东5学校自2016年新增小学二级职称教师，比例为2.56%，低于全国和东部地区平均值。整体看，东部5所样本学校的小学二级职称教师比例较高。说明这5所学校的近年来新入职教师占比较高。

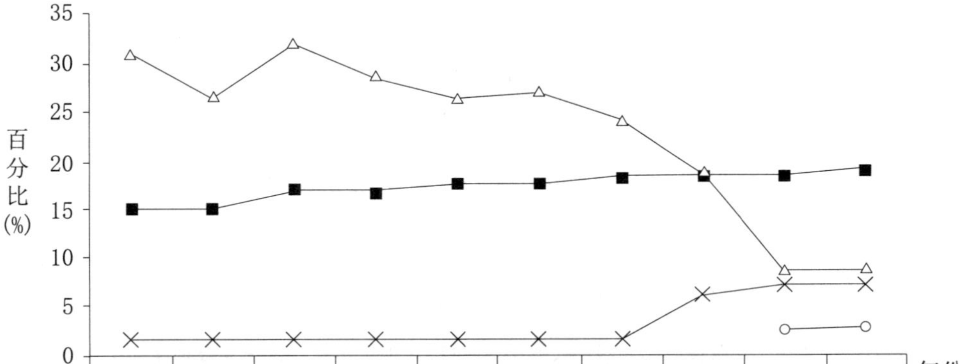

	2008	2009	2010	2011	2012	2013	2014	2015	2016	2017
—■— 东1	15.04	14.93	16.91	16.79	17.65	17.65	18.38	18.38	18.52	19.12
—△— 东3	31.25	26.47	32.35	28.57	26.47	27.27	24.24	18.75	8.82	8.82
—×— 东4	1.59	1.59	1.59	1.56	1.54	1.52	1.47	5.97	7.46	7.35
—○— 东5	—	—	—	—	—	—	—	—	2.56	2.63

图3-39　2008—2017年东部5所样本学校小学二级职称教师比例

由图3-40可知，中部和西部地区10所样本学校中仅有4所学校有小学二级职称教师，除西4小学二级职称教师比例波动较大且占比较高外，其余几所学校的比例接近或略高于全国平均值3.09%（2012年）和东部地区平均值3.42%（2012年）②。整体看，中、西部地区样本学校中小学二级职称教师比例较低，说明近年来这些学校的新入职教师占比不高。

由图3-41可知，东部5所样本学校的未定职教师整体呈下降趋势，且下降幅度较大。2008年校间差异较大，2017年已逐渐接近，差异缩小。东1学校的未定职教师比例较高，2012年为22.06%，约为全国平均值8.88%（2012年）③的2.5倍，说明新入职教师占比较高。东4学校整体呈下降的趋势，2017年比2008年降低了

① 王雁，朱楠．中国特殊教育教师发展报告2014[M]．北京：北京师范大学出版社，2015：128.
② 王雁，朱楠．中国特殊教育教师发展报告2014[M]．北京：北京师范大学出版社，2015：131.
③ 王雁，朱楠．中国特殊教育教师发展报告2014[M]．北京：北京师范大学出版社，2015：128.

8.05%。东2、东3、东5三所学校的未定职教师比例较低，均低于全国平均值8.88%（2012年）和东部地区平均值9.32%（2012年）①。整体看，东部地区未定职教师比例校间差异较大。

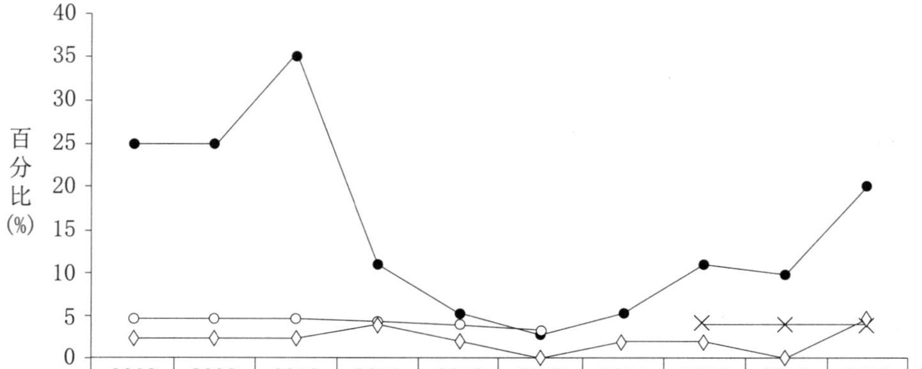

	2008	2009	2010	2011	2012	2013	2014	2015	2016	2017
中1	2.5	2.38	2.38	4.35	2.08	0	2.04	1.96	0	4.84
中3	4.55	4.55	4.55	4.17	4	3.23	—	—	—	—
西3	—	—	—	—	—	—	—	4.17	4.17	4.17
西4	25	25	35.29	11.11	5.56	2.86	5.26	11.11	9.8	20.34

图3-40　2008—2017年中、西部5所样本学校小学二级职称教师比例

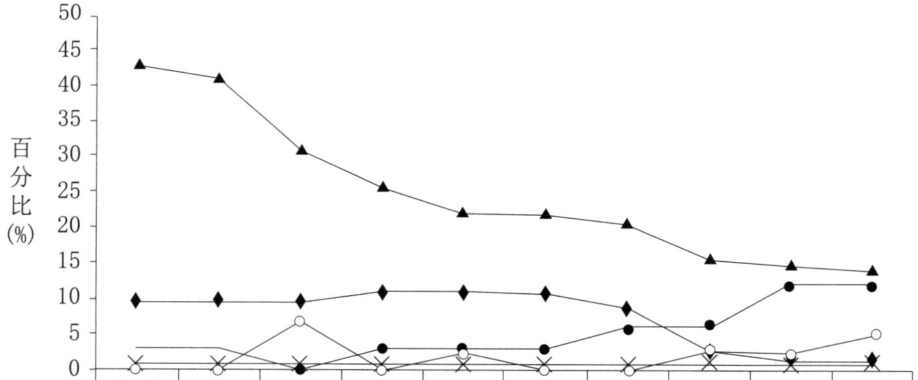

	2008	2009	2010	2011	2012	2013	2014	2015	2016	2017
东1	42.86	41.04	30.88	25.55	22.06	22.06	20.59	15.44	14.81	13.97
东2	1.02	1.01	1.01	1.02	1.03	1.01	1.03	1.03	1.03	1.04
东3	3.13	2.94	0	2.86	2.94	3.03	6.06	6.25	11.76	11.76
东4	9.52	9.52	9.52	10.94	10.77	10.61	8.82	2.99	1.49	1.47
东5	0	0	6.66	0	2.63	0	0	2.56	2.56	5.26

图3-41　2008—2017年东部5所样本学校未定职教师比例

由图3-42可知，中、西部10所样本学校中共有6所学校有未定职教师，其中中

① 王雁，朱楠．中国特殊教育教师发展报告2014[M]．北京：北京师范大学出版社，2015：129.

部4所，西部2所。中3学校的未定职教师比例10年间呈波动上升的趋势，于2015年达到最高点（50%）。其余5所学校的未定职教师比例整体呈波动下降趋势，中1学校于2014年降到最低点（2.04%）。中5、西1和西4三所学校均自2014年开始有未定职教师，比例变化不规律。除中3学校外，其他几所学校的未定职教师比例均低于全国平均值8.88%（2012年）和西部地区平均值11.28%（2012年）①。整体来看，中、西部未定职教师比例校间差异较大，中部样本学校的未定职教师比例明显高于西部，说明中部样本学校新入职教师占比高于西部。

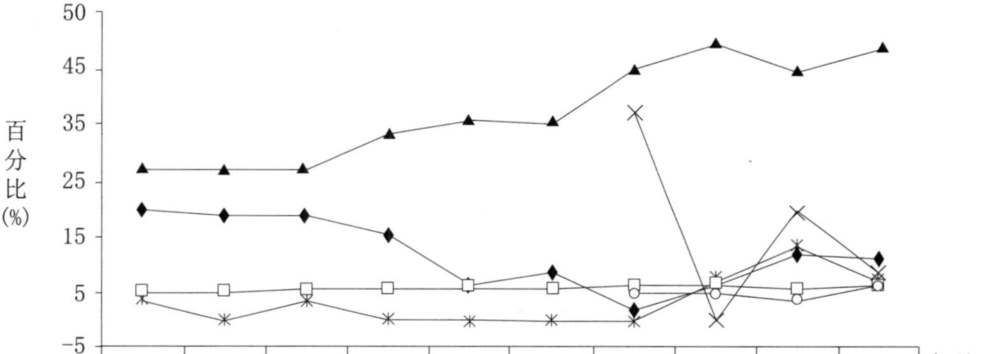

	2008	2009	2010	2011	2012	2013	2014	2015	2016	2017
中1	20	19.05	19.05	15.22	6.25	8.33	2.04	5.88	11.86	11.29
中2	5.26	5.13	5.41	5.41	5.71	5.88	6.25	6.25	6.06	5.88
中3	27.27	27.27	27.27	33.33	36	35.48	45.45	50	44.74	48.84
中5	—	—	—	—	—	—	37.5	0	20	8.33
西1	4	0	4	0	0	0	0	7.14	13.33	6.9
西4	—	—	—	—	—	—	5.26	4.44	3.92	6.78

图3-42　2008—2017年中、西部5所样本学校未定职教师比例

五、生均公用经费

生均公用经费，是由县级以上地方政府根据本地经济发展水平制定、在该区域内统一实行、对中小学校按照计划内学生人数的财政拨款标准，是与教育发展水平息息相关的重要指标。我国《特殊教育提升计划（2014—2016年）》要求，义务教育阶段特殊教育学校生均预算内公用经费标准要在三年内达到每年6000元，有条件的地区可进一步提高。

由表3-1可知，样本学校中，东部地区生均公用经费整体高于中部地区和西部地区。东部5所样本学校生均公用经费的校间差异较大。2016年东2和东4两所学校

① 王雁，朱楠．中国特殊教育教师发展报告2014[M]．北京：北京师范大学出版社，2015：132．

分别达到13000元和12000元，东3和东5两所学校则分别为5250元和4200元。截至2016年除东3和东5两所学校外，其余13所样本学校的生均公用经费都达到或超过了6000元。2014年以前中部和西部地区样本学校间生均教育经费差异较大。总体来看，东部地区生均教育经费增长时间较早，2008年除东5学校外，其余4所东部样本学校生均公用教育经费均超过2000元，东1学校达到4200元。而中部仅1所学校达到2000元，西部5所样本学校均没有达到2000元。

表3-1 2008—2017年15所样本学校生均公用经费

单位：元

	2008年	2009年	2010年	2011年	2012年	2013年	2014年	2015年	2016年	2017年
东1	4200	4200	6000	6000	6000	6000	8000	8000	8000	8000
东2	2200	4500	4500	4500	4500	4500	6000	6000	13000	13000
东3	3150	3150	3150	3150	3150	3150	5250	5250	5250	5250
东4	2200	2200	2200	4500	4500	6000	6000	6000	12000	12000
东5	600	600	600	4200	4200	4200	4200	4200	4200	6000
中1	750	750	1650	1650	1650	1650	4000	5000	6000	6000
中2	750	750	800	800	900	900	6000	6000	6000	6000
中3	625	625	625	625	625	625	5000	6000	6000	6000
中4	2000	2000	2000	2000	2000	2000	2000	6000	6000	6000
中5	—	—	—	—	—	—	4000	4000	6000	6000
西1	1500	1500	4500	5000	5000	5000	6000	6000	6000	6000
西2	700	700	700	4200	4200	4200	5000	5000	6000	6000
西3	750	750	750	1650	1650	4000	4000	5000	6000	6000
西4	—	—	5000	5000	5000	5000	5400	5400	6000	6000
西5	—	—	—	—	3500	3500	5000	5000	6000	6000

六、学校环境与设施

我国《特殊教育学校建设标准（试行）》提出，特殊教育学校的建设必须立足于我国国情和经济发展水平，充分考虑残疾儿童和少年的特点，创造适宜的教学环境及场地设施等。

（一）无障碍环境

无障碍环境的建设是保障残疾儿童便利学习的重要条件。由表3-2可见，调查的15所样本学校中，只有东2学校在2008年无障碍设施就已完善，中3学校在2012年、中1学校在2013年、西2学校在2016年完善。其余11所学校均表示无障碍设施建设不够完善。整体看，在无障碍设施建设方面，样本学校在区域间和区域内差异均较突出。说明我国特教学校无障碍环境建设方面总体发展较为缓慢和落后。

表3-2　2008—2017年15所样本学校无障碍环境情况

	2008年	2009年	2010年	2011年	2012年	2013年	2014年	2015年	2016年	2017年
东1	0	0	0	0	0	0	0	0	0	0
东2	1	1	1	1	1	1	1	1	1	1
东3	0	0	0	0	0	0	0	0	0	0
东4	0	0	0	0	0	0	0	0	0	0
东5	0	0	0	0	0	0	0	0	0	0
中1	0	0	0	0	0	1	1	1	1	1
中2	0	0	0	0	0	0	0	0	0	0
中3	0	0	0	0	1	1	1	1	1	1
中4	0	0	0	0	0	0	0	0	0	0
中5	—	—	—	—	—	—	0	0	0	0
西1	0	0	0	0	0	0	0	0	0	0
西2	0	0	0	0	0	0	0	0	1	1
西3	0	0	0	0	0	0	0	0	0	0
西4	—	—	0	0	0	0	0	0	0	0
西5	—	—	—	—	0	0	0	0	0	0

注:1为完善，0为不完善。

（二）资源教室

资源教室（resource room）是在普通学校或特殊教育学校建立的集课程、教材、专业图书以及学具、教具、康复器材和辅助技术于一体的专用教室。具有为残疾儿童提供咨询、个案管理、教育心理诊断、个别化教育计划、教学支持、学习辅导、补救教学、康复训练和教育效果评估等多种功能。由表3-3可知，15所样本学校中，已建有资源教室的有9所学校，仍有6所学校截至2017年仍未建设资源教室。在已建资源教室的样本学校中，只有东2学校在2008年就已建有资源教室，东1和东5两所学校分别在2011和2015年建设了资源教室；中2学校的资源教室建于2013年，中5学校为新建校，于2014年开始招生，同时建有资源教室；西部3所学校的资源教室分别建于2015年和2016年。整体看，东、中、西部各有3所样本学校建有资源教室，但东部明显早于中部，中部又早于西部。

表3-3　2008—2017年15所样本学校资源教室情况

	2008年	2009年	2010年	2011年	2012年	2013年	2014年	2015年	2016年	2017年
东1	0	0	0	1	1	1	1	1	1	1
东2	1	1	1	1	1	1	1	1	1	1
东3	0	0	0	0	0	0	0	0	0	0
东4	0	0	0	0	0	0	0	0	0	0
东5	0	0	0	0	0	0	0	1	1	1
中1	0	0	0	0	0	0	0	0	0	0

续表

	2008年	2009年	2010年	2011年	2012年	2013年	2014年	2015年	2016年	2017年
中2	0	0	0	0	0	1	1	1	1	1
中3	0	0	0	0	0	0	0	0	0	0
中4	0	0	0	0	0	1	1	1	1	1
中5	—	—	—	—	—	—	1	1	1	1
西1	0	0	0	0	0	0	0	1	1	1
西2	0	0	0	0	0	0	0	0	1	1
西3	0	0	0	0	0	0	0	0	0	0
西4	—	—	0	0	0	0	0	0	0	0
西5	—	—	—	—	0	0	0	1	1	1

注:1为有，0为无。

七、总结与讨论

本次调查的结果可见，我国义务教育阶段农村残疾儿童适宜受教育权的实现状况总体趋向良好，但相比于我国相关法律和政策的规定仍存在一定差距，地域差距亦明显存在，农村残疾儿童适宜受教育权利缺损仍十分显著。

（一）样本学校的生师比、班师比和班额的地域差异明显

生师比、班师比和班额作为考查教育质量的重要指标，在特殊教育领域具有特别重要的意义，相比于普通学校，特殊教育学校的生师比、班师比和班额数值均要求较低。本次调查结果显示，2008—2017年样本学校的生师比地域差异显著，东部明显低于中、西部；在班师比指标上，中部样本学校的班师比普遍较高，明显高于东部和西部样本学校，再结合班额指标来看，东部样本学校的班额整体略低于全国平均值，同时低于中、西部样本学校，西部样本学校班额最高，因此尽管西部样本学校的班师比不高，但班额大，所以整体分析，中、西部地区样本学校的教师工作负担重于东部地区，每名教师平均负责的学生数和班级数相对较高，不利于保障残疾儿童接受更适宜的教育。

（二）样本学校教师的学历水平逐渐提高，但高学历教师比例较低，且有明显的地域差异

学历水平是教师专业发展的重要衡量指标。2008—2017年间样本学校的教师学历整体呈上升趋势，2012年后样本学校中本科学历教师数量及比例都有大幅度上升，东部5所学校教师本科学历比例均超过50%，中部4所学校超过50%，西部仅2所市级学校超过50%，可见，地域差异和校间差异十分显著。从东、中、西部的差

异来看，东部样本学校中研究生学历教师比例和专科以下教师的下降速度明显超过中部和西部地区。总体来看，样本学校的研究生学历教师的比例仍很低。

（三）样本学校教师职称的整体水平逐渐提高，且存在一定的地域和校间差异

2008—2017年样本学校的教师职称整体呈上升趋势，东部地区中学高级职称教师比例增长较快，最快的增长了23.09%，未定职教师比例下降幅度较大。这说明东部地区师资补充速度减慢，教师职称比例趋于合理。中、西部地区小学高级和中学高级职称教师比例呈小幅上升趋势，小学一级和小学二级职称教师比例下降，未定职教师比例上升，说明中、西部地区新入职教师较多，正处在师资补充的上升期。整体职称校间差异较大，市级特教学校教师职称层次普遍高于县级特教学校和新建校。

（四）样本学校特殊教育和康复专业教师的比例有小幅增长，但整体比例不高，且校间差异明显

由于特殊教育师资培养滞后等种种原因，我国特教学校教师的专业背景一直以普通师范教育为主，特殊教育专业和康复专业师资严重缺乏，调查的样本学校中，2008—2017年特殊教育专业教师校间差异巨大，最高的超过60%，最低的为0，只有7所样本学校中有康复专业教师，且比例基本在10%以下。整体看，特殊教育专业和康复专业教师比例有小幅上升，但很缓慢，且整体比例不高。多数学校仍以普通师范专业教师为主，最高达100%。

（五）样本学校中女性教师的比例很高，且地域和校间差异较大

我国中小学女性教师比例明显高于男性，2005年后女性教师占教师总数的比例超过50%，呈女性为主的发展趋势。相较普通中小学的女教师占比，特殊教育师资的女性比例更高，女性教师占比近70%。调查的15所样本学校女性教师比例均超过55%，最高达76.97%。整体看，东部5所学校女教师比例最高，其次是西部，中部最低。且中部5所学校的女教师比例的校间差异较大，相差21.04%。特殊教育师资的女性化特点突出，在一些规模较小的特教学校，甚至除了校长外都是女性。女性化过重的趋势对于特殊教育工作的开展存在一定的负面影响，需要通过管理和宣传吸引更多的男性教师加入特殊教育教师队伍。

（六）样本学校的无障碍环境和资源教室建设整体水平不高，且地域差异明显

无障碍环境是保障残疾人平等参与社会生活的必要条件，学校中的无障碍环境是保障残疾学生顺利参与学习活动的必需。但本次调查的15所样本学校中11所没

有完善的无障碍设施建设，对于主要服务于残疾儿童的特殊教育学校而言实在令人遗憾，说明我国特教学校无障碍环境建设方面总体发展较为缓慢和落后，且存在明显地域差异，东部地区优于中、西部地区。我国2015年发布的《特殊教育学校建设标准（试行）》规定，特教学校建设要根据课程计划的要求，配置各种教学用房、设施和场地。资源教室的建设情况在调查的样本学校中也不容乐观。15所样本学校中，已建有资源教室的有9所学校，仍有6所学校截至2017年仍未建设资源教室。整体看，资源教室的建设比例不高，东部明显早于中、西部。

第二节　随班就读学校保障情况

开展残疾儿童少年随班就读工作，是发展和普及我国残疾儿童少年义务教育的一种主要办学形式。随班就读农村残疾儿童的适宜受教育权的实现取决于其随班就读学校的师资配置、个别化教育方案制定与实施、校园环境、课程与教学等因素。

一、随班就读残疾儿童的安置情况

为了保障随班就读残疾儿童的学习效果和教师的工作负荷，《关于开展残疾儿童少年随班就读工作的试行办法》（1994年）规定，在普通学校随班就读的残疾儿童少年每班以1～2人为宜，最多不超过3人。在本次调查的288个学校中，70.83％的学校有残疾儿童随班就读，每班安置1～2人的占69.79％，3人的占2.08％，4～5人的占4.86％（图3-43）。可见，仍有部分学校在随班就读残疾儿童安置时不能充分考虑残疾儿童有效学习的需要，出现每班安置3人以上的现象。

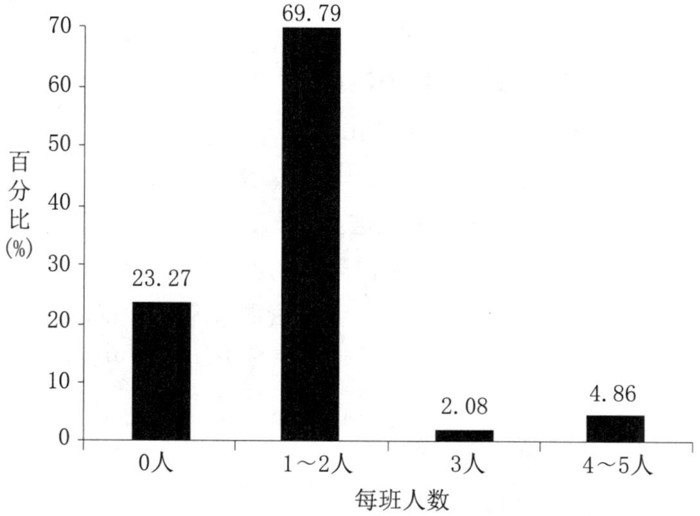

图3-43　随班就读学生的班级安置人数

二、随班就读的师资配置

《关于开展残疾儿童少年随班就读工作的试行办法》（1994年）和《残疾人随班就读工作管理办法》（2011年修订）均明确规定，义务教育阶段随班就读师资队伍包括班主任教师、任课教师、资源教师和巡回指导教师。

（一）班主任和任课教师

随班就读班级的班主任教师要遴选热爱残疾学生、有奉献精神、有管理能力的教师担任。任课教师，应当遴选热爱残疾学生，思想好、业务水平较高的教师担任。他们应当具备特殊教育基础知识和基本技能，了解随班就读班级教育教学的基本原则和方法。在本次调查的随班就读学校中，能够选择有经验且掌握特殊教育知识技能的老师担任随班就读班级班主任和任课教师的比例为29.63%，且平均值为3.33（表3-4），说明在班主任和任课教师安排方面多数学校能考虑到残疾儿童的教育需求。

表3-4　随班就读学校的班主任和任课教师安排情况

内　容	M	完全符合	比较符合	基本符合	不太符合	完全不符合
班主任和任课教师有一定的教学经验，具备基本特殊教育知识和技能	3.33	29.63%	16.67%	27.78%	9.26%	16.66%

（二）资源教师

随班就读学校应配备专职或兼职资源教师。资源教师应当受过特殊教育专业培训，其主要工作是帮助残疾学生补习文化知识，指导学生正确选配和使用助视器、助听器等辅助用具，对其进行康复训练，培养社会适应能力等；帮助普通班级教师制定个别化教育计划和评估残疾学生的进步情况；宣传、普及特殊教育知识、方法及提供咨询等。被调查学校中有专制资源教室的占1.85%，没有的占83.33%，有兼职资源教师的有14.81%（图3-44）。可见，无资源教室的学校占绝大多数，缺乏资源教师的专业支持，随班就读残疾儿童的学习质量无法得到更好的保障。

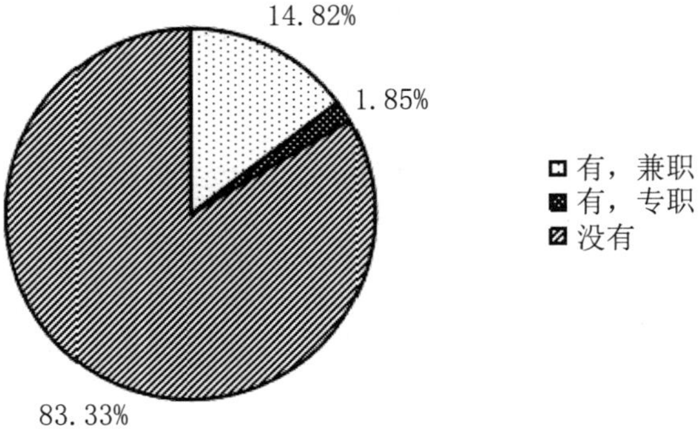

图3-44 随班就读学校资源教师配置情况

（三）巡回指导教师定期指导

巡回指导教师以巡回教学的方式对随班就读的特殊儿童进行定期或专项辅导，一般由特殊教育学校教师担任，其工作内容包括针对学生的筛查评估和咨询指导，针对随班就读教师的课堂教学指导，针对资源教师的工作和资源教室的建设使用指导等。在本次调查的特教学校中，巡回指导教师定期给予指导的仅有27.43%，绝大多数随班就读的农村残疾儿童及其班主任和任课教师没有机会接受巡回指导教师的定期指导（图3-45）。在对随班就读任课教师的访谈中也同样反映出这一点，教师们表示同情残疾儿童的遭遇，愿意给他们更适合的教育，但苦于缺乏指导，尝试了一些方法无效后，最终只能不了了之。

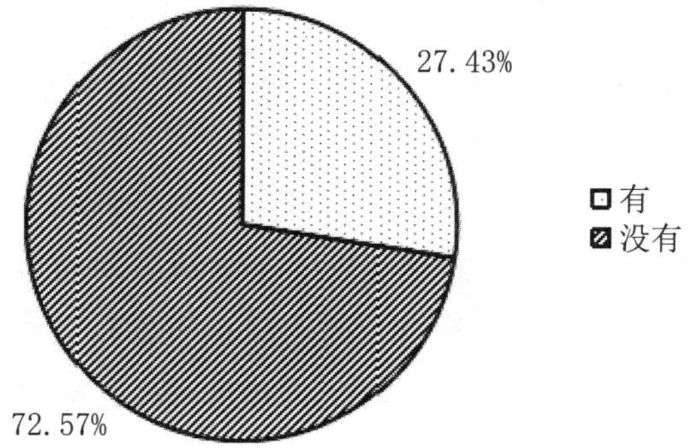

图3-45　样本学校巡回指导教师定期指导情况

三、学校环境与设施

（一）无障碍环境

《残疾人随班就读工作管理办法》（2011年修订）规定，各级教育行政部门和随班就读学校应当根据残疾学生的需要，完善校内教育教学无障碍设施，为残疾学生平等参与学校各项活动创造无障碍校园环境。各级各类随班就读学校应当积极创建尊重、宽容和友爱的校园环境和氛围。注重促进残疾学生和普通学生的交流与融合。本次调查结果显示，在被调查的随班就读学校中，无障碍设施建设完善的占26.74%，完全没有无障碍设施的学校占22.22%；在创建尊重、宽容和友爱的校园环境和氛围方面，41.67%的学校完全符合，10.76%的学校完全不符合；在注重促进残疾学生和普通学生的交流融合方面，完全符合的占40.74%，不符合的占12.96%。三项中均值最高的为创建尊重、宽容和友爱的校园环境和氛围，均值为3.71，处于中等偏高水平。整体看，三项均值都在3～4（表3-5），说明农村随班就读学校的无障碍环境建设受到了一定的重视，但远不够完善。

表3-5　随班就读学校的无障碍环境情况

内　容	M	完全符合	比较符合	基本符合	不太符合	完全不符合
无障碍设施建设完善	3.10	26.74%	13.19%	26.04%	11.81%	22.22%
创建尊重、宽容和友爱的校园环境和氛围	3.71	41.67%	16.67%	23.26%	7.64%	10.76%
注重促进残疾学生和普通学生的交流融合	3.52	40.74%	11.11%	20.37%	14.82%	12.96%

（二）资源教室

《特殊教育提升计划（2014—2016年）》提出，支持承担随班就读残疾学生较多的普通学校设立特殊教育资源教室（中心），配备基本的教育教学和康复设备，为残疾学生提供个别化教育和康复训练。《第二期特殊教育提升计划（2017—2020年）》再次强调，以区县为单位统筹规划，重点选择部分普通学校建立资源教室，其他招收残疾学生5人以上的普通学校也要逐步建立特殊教育资源教室。依托乡镇中心学校，加强对农村随班就读工作的指导。有条件的儿童福利机构继续办好特教班或特殊教育学校。有条件的乡镇中心小学或随班就读残疾学生人数较多的学校要逐步设立辅导室，配备必要的教具、学具、康复训练设备和图书资料。本次调查结果显示，有资源教室的学校仅占12.96%，没有资源教室的学校占87.04%（图3-46），差异巨大。

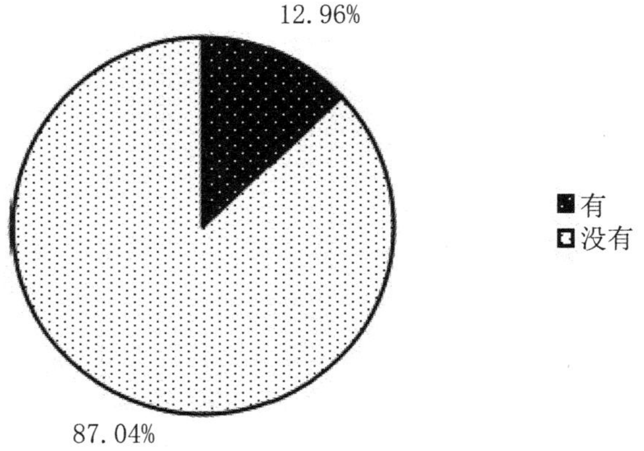

图3-46　样本学校资源教室建设情况

四、个别化教育的实施

《第二期特殊教育提升计划（2017—2020年）》提出了尊重差异、多元发展的原则，要求尊重残疾学生的个体差异，注重潜能开发和缺陷补偿，提高特殊教育的针对性，促进残疾学生的个性化发展。《残疾人随班就读工作管理办法》（2011年修订）要求，学校要根据残疾学生的身心特点和特殊需求，因材施教，加强教育的针对性，制定和实施个别化教育计划。本次调查结果显示，在为随班就读学生制定个别化教育计划这一选项中，完全符合的占23.61%，完全不符合的占24.31%；在为随班就读学生设置适合其需要的特殊课程一项，完全符合的占20.83%，完全不符合的占32.29%；在关注随班就读学生的特殊学习需要方面，完全符合的占24.07%，完全不符合的占22.22%。三项的均值都低于3（表3-6），说明农村随班就读学校在个别化教育计划的制定和实施方面明显落后，还无法针对每个残疾儿童进行个别化教育。

表3-6　随班就读学校的个别化教育实施情况

内　容	M	完全符合	比较符合	基本符合	不太符合	完全不符合
为随班就读学生制定个别化教育计划	2.96	23.61%	10.76%	27.78%	13.54%	24.31%
为随班就读学生设置适合其需要的特殊课程	2.79	20.83%	12.15%	24.65%	10.08%	32.29%
关注随班就读学生的特殊学习需要，实施针对性教学	2.93	24.07%	12.96%	16.67%	24.08%	22.22%

五、管理与指导

《残疾人随班就读工作管理办法》（2011年修订）提出，学校要将随班就读工作纳入学校的整体工作日程，统一规划、统一管理，指定专人负责。学校应当建立残疾学生档案，主要包括个人和家庭情况、残疾鉴定、个别教学计划、学业、考核评估等资料。以此保障随班就读残疾儿童得到更适宜的教育。本次调查结果显示，在随班就读工作统一规划和管理、专人负责方面，27.08%的学校完全符合，23.6%的学校完全不符合；在教育行政部门为随班就读工作提供业务指导和技术支持方面，选择完全符合的为33.33%，完全不符合的为14.81%。两项均值分别为3.09和3.52（表3-7）。在建立随班就读学生个人教育档案方面，被调查学校中有档案且内容全面的占12.96%，有档案但内容不全的占50%，无档案的占37.04%（图3-47）。总体来看，本次调查的农村学校在随班就读管理方面的水平仍远远低于《残疾人随班就读工作管理办法》所规定的水平。

表3-7　学校对随班就读工作的管理与支持

内　容	M	完全符合	比较符合	基本符合	不太符合	完全不符合
随班就读工作统一规划和管理，专人负责	3.09	20.61%	16.31%	25.75%	18.45%	18.88%
教育行政部门为随班就读工作提供业务指导和技术支持	3.52	26.17%	18.03%	27.9%	15.02%	12.88%

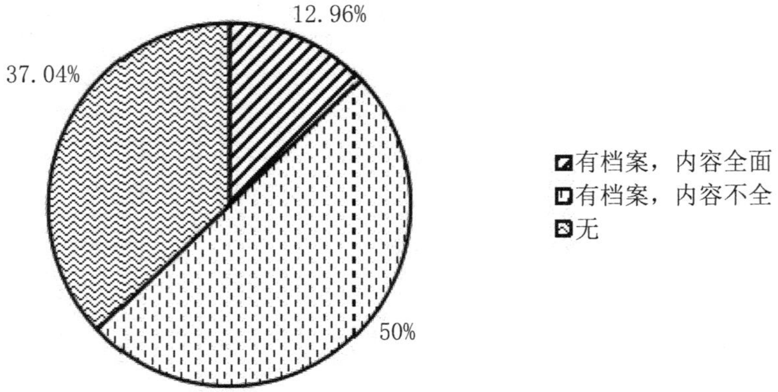

图3-47 样本学校为随班就读学生建立个人教育档案的情况

六、总结与讨论

随班就读是我国残疾儿童主要的教育安置形式，也是融合教育理念在我国的实践。《特殊教育提升计划（2014—2016年）》提出，应全面推进全纳教育，使每一个残疾孩子都能接受合适的教育。我国残疾儿童中半数以上是通过随班就读的方式实现受教育权的，农村尤其如此。因此，随班就读质量好坏直接关系到农村残疾儿童适宜教育权的实现程度。通过对本次调查结果进行分析，得出以下几点结论：

（一）随班就读师资配置问题仍然是制约农村残疾儿童适宜受教育权实现的主要因素

本次调查的学校中，有专职资源教师的学校的比例不足2%，有巡回指导教师定期指导的学校的比例不足30%，班主任和任课教师尽管主观上有教好残疾儿童的信念，但现实中他们多数没有接受过特殊教育相关培训，更没有特殊教育的背景，面对残疾儿童个别化学习的需求，常常表现得束手无策。

在A市Z县某中学，一位年轻老师向我们讲述了一个基本不具有生活自理能力，每天需要妈妈的陪伴才能在学校正常上课的学生的事情，写字是他学习中最大的障碍。

问：您以前接收过这样的特殊儿童吗？

答：虽然以前的班级也有过残疾儿童随班就读的情况，可是残疾程度像他这么重的情况确实没见过。但他却有着与其他孩子不一样的乐观和开朗，每天都面带着微笑。我该如何正确地去教育好这样一个特殊的学生？如何处理好教育他和教育其他学生的关系？于是，我就去请教其他的老师，向他们取经，可问了一个又一个，他们的答案都是一样的——摇头。因此，寻找一个适合他的方法，找到促进这位学生健康成长的教育方法便成了迫在眉睫的事情。

（二）随班就读学校的无障碍环境和资源教室建设明显改善，但比例仍然较低

无障碍环境和资源教室的建设是保障残疾儿童随班就读质量所必须的，目前农村随班就读学校的相关建设有了较大改善。近1/3的学校有完善的无障碍设施，普通学生和教师对残疾儿童的包容和关爱程度也明显提升，资源教室已在少部分农村学校出现。但多数农村学校的无障碍环境建设仍不完善；绝大多数农村学校没有资源教室，随班就读农村残疾儿童优质教育的需求难以得到满足。

（三）随班就读残疾儿童的个别化教育需求逐渐得到重视，但“随班就座”现象仍很明显

个别化教育是特殊教育的基本原则，满足随班就读残疾儿童的特殊教育需求是其适宜受教育权得到保障的关键。调查显示，普通学校能为残疾儿童制定个别化教育计划、设置适合其需要的特殊课程、关注其特殊学习需要的能力不足。大部分普通学校还不能实现对随班就读残疾儿童的个别化教育，“随班就座”“随班混读”现象仍明显存在。

第三节　送教上门保障情况

《第二期特殊教育提升计划（2017—2020年）》明确提出，应以区县为单位，逐一核实未入学适龄残疾儿童少年数据。通过特殊教育学校就读、普通学校就读、儿童福利机构（含未成年人救助保护机构）特教班就读、送教上门等多种方式，落实“一人一案”，做好教育安置。儿童福利机构特教班就读和接受送教上门服务的残疾学生纳入中小学生学籍管理。2017年修订的《残疾人教育条例》强调，适龄残疾儿童、少年需要专人护理，不能到学校就读的，由县级人民政府教育行政部门统筹安排，通过提供送教上门或者远程教育等方式实施义务教育，并纳入学籍管理。送教上门工作因此在全国各地陆续开始实施。

一、组织管理

《残疾人教育条例》明确了送教上门工作的责任主体是县级教育行政部门。县级教育行政部门会同残联确定送教上门服务对象，并为送教上门残疾儿童建立学籍，统筹经费，选派教师，开展送教上门工作。本次调查结果显示，除个别市级特教学校外，大部分的县级特教学校都已开展送教上门工作。农村普通学校参与送教上门的比例为3.8%。送教上门常规管理一般由特殊教育学校负责，包括送教时间、师资队伍、送教形式、送教内容等方面的安排，以及监督送教过程和对效果进行评估考核等。但由于没有国家标准，缺乏科学指导，多数指导中心开展工作比较随意，送教上门的管理还处在摸索之中。

二、教师队伍

由于接受送教上门的残疾儿童多数是重度残疾和多重残疾，其身心发展情况比较复杂，多数存在行动、语言、认知、心理、交往、职业等诸多方面的严重障碍，这对于送教教师的专业能力要求很高。调查显示，送教上门工作主要由特教学校教师和普通学校教师联合或单独开展，绝大多数普通学校教师在开展送教工作前没有接触过特殊教育方面的知识和技能或仅经过简单的培训，特教学校教师中也多数以学科教学为主，特教专业和康复专业教师比例很低。在面对更多需要身体机能康复和生活自理能力训练的残疾儿童来说，多数送教教师表示力不从心，无法给予恰当适宜的教育和帮助。笔者在访谈一位送教老师时，她感慨地说："我们送教最大的意义就是送去了温暖，每次去都给孩子带些吃的和玩具，家长感觉到有人关心关注他们了。至于教会了孩子啥，真的不好说。"

三、家长态度

家长在儿童成长中的作用不可替代，尤其是接受送教上门的残疾儿童，由于残疾程度较重等原因，需要家庭给予更多的照顾。在送教上门的过程中也需要家长的积极配合，与教师联合促进孩子的发展。调查中发现（表3-8），56.41%的家长表示能够与送教教师保持良好合作关系，30.77%的家长表示能配合老师指导孩子学习。两项均值分别为4.41和3.97，说明家长对于送教上门的认同度较高，与教师配合较好。重度和多重残疾儿童多数需要专人照料，生活自理能力往往较差，此次调查的家长中，能培养孩子穿衣、如厕的均值都是3.41，处于中等偏好水平。在孩子遇到学习困难方面，12.82%的家长表示能够积极给予帮助，比例不高。整体来看，送教上门残疾儿童的家长对送教上门持欢迎的态度，能积极配合送教教师的工作，创造需要的环境和条件。

表3-8　送教上门残疾儿童家长参与情况

内　容	M	完全符合	比较符合	基本符合	不太符合	完全不符合
我能与送教教师保持良好的合作关系	4.41	56.41%	30.77%	10.26%	2.56%	0
我能与送教教师一起配合指导孩子的学习	3.97	30.77%	46.15%	12.82%	10.26%	0
当孩子学习遇到困难时，我能给予帮助	3.1	12.82%	33.33%	23.08%	12.82%	17.95%
我能培养孩子自己穿衣的能力	3.41	20.51%	30.77%	25.64%	15.38%	7.7%
我能培养孩子自己如厕	3.41	30.77%	25.64%	7.69%	25.64%	10.26%

四、社会支持

接受送教上门的残疾儿童的主要活动区域就是其居住地的社区，村委会作为最基层的群众性组织，承担着维护村民合法权益，发展文化教育，促进村民团结、互助，完善社会保障，开展多种形式的社会主义精神文明建设活动等职责。对本社区残疾儿童及其家庭的生产、生活、教育、就业都有管理和扶持的义务，并应营造关爱、尊重残疾人的社会氛围。在送教上门的实地调查中发现，大部分残疾儿童的家长觉得自己被同情，小部分家长觉得自己被歧视；在与邻居的关系方面，大部分残疾儿童家长表示比较一般，小部分家长觉得与邻居关系淡漠。H县特教学校的一个送教上门的残疾儿童家庭中，一家五口，只有爷爷是健康的，其余4人均为智力残疾，一家人住在政府帮助翻建的房子里，没有邻居愿意接近他们。另有送教教师反映，她们负责送教的一个残疾儿童在她们再次送教时突然联系不上了，家门紧闭，电话不通，问邻居、村委会，均不知道去向，最后送教工作只能不了了之。

五、总结与讨论

（一）送教上门工作开展时间短，组织管理有待规范

送教上门只解决了未入学残疾儿童的平等受教育权的问题，只有提高送教上门的质量才能解决其适宜受教育权的问题。目前送教上门工作的实施和评价标准比较

模糊，整体送教质量不高。经费有限、师资不足、交通不便、经验不足等都是影响农村送教上门工作开展质量的原因。如何破解这些问题亟待有关部门积极开展相关研究，尽早提出指导意见，地方教育主管部门应将送教上门工作纳入到教育管理体系中，对送教上门的经费、师资、课程、评价等进行规范化的管理。

（二）送教上门的师资力量薄弱，无法满足残疾儿童的发展需要

首先，目前送教教师多以特教学校和普通学校教师为主，康复师资严重不足，而需要送教的残疾儿童多是重度残疾，多数存在运动功能问题、言语问题及生活适应困难问题等。送教教师在评估残疾儿童发展水平、确定教学目标、制定个别化教育方案和实施身体机能康复、生活自理能力训练时均显得力不从心，而教师擅长的文化知识教学又不适合这些残疾儿童的需要。

其次，送教上门的残疾儿童身心发展水平比较复杂，往往需要多专业背景的送教团队联合送教，甚至是医教结合才能较好地促进其发展。但这一点目前在农村残疾儿童的送教上门中基本没有可能实现。

第四章　农村残疾儿童受教育权保障机制及其建立

发展公平而有质量的教育已成为新时期我国教育发展的硬指标。而当前的现实是，农村教育弱、特殊教育弱，两者叠加，农村残疾儿童的教育成了最大的短板。农村残疾儿童作为一个相对独立的群体，其受教育权的实现需要特别的关照。这是由这一群体的特殊性决定的。本章从农村残疾儿童受教育权的保障要素和保障机制构建两个方面进行分析阐述。

第一节　农村残疾儿童受教育权保障要素分析

受教育权作为我国宪法和教育法赋予每个公民的一项重要权利，首先具有鲜明的法定属性。其主体、行使的条件、限度等内容都是由法律加以规定的，非法定不可剥夺。其次受教育权的主体是我国全体公民，“公民不分民族、种族、性别、职业、财产状况、宗教信仰等，依法享有平等的受教育机会”[①]。平等属性是受教育权的核心。

① 中华人民共和国教育法[EB/OL].http://www.gov.cn/banshi/2005-05/25/content_918.htm.

农村残疾儿童的受教育权属于公民受教育权的特定形式，除具有法定性和平等性外，还有其特殊性，即脆弱性。脆弱性主要源自三个方面：首先，农村残疾儿童是未成年人；其次，农村残疾儿童是有困难的群体；再次，农村残疾儿童往往居住在教育资源薄弱、教育质量不高的偏远乡村。多重不利的因素导致农村残疾儿童的受教育权尤其容易受到侵害，需要完善的法律、制度及人文社会环境的特殊保护。可现实情况是，由于缺乏有针对性的法律和制度保障，农村社会对残疾儿童的接纳和包容度不高，多数农村残疾儿童家庭经济状况堪忧，家长对孩子受教育权的认知模糊、维权意识淡薄，儿童自身残疾程度较重等原因，致使农村残疾儿童受教育权缺损严重。

通过对官方统计数据的分析和本次调查发现，农村残疾儿童平等受教育权和适宜受教育权实现均不尽人意。适龄农村残疾儿童的入学率明显低于普通儿童，且低于城市残疾儿童，存在入学率低、辍学率高等问题。农村残疾儿童就读的特教学校和随班就读学校的师资设备、环境建设、课程教学等虽有改善，但仍难以有效保障其接受到适宜的教育，存在“随班就座”“在籍失学”“到点毕业”等现象，义务教育结束后多数农村残疾儿童又回归家庭，无法享有教育的红利。

《中华人民共和国义务教育法》规定，义务教育的保障主体为国家、社会、学校和家庭。《中华人民共和国残疾人保障法》要求，政府、社会、学校应当采取有效的措施解决残疾儿童、少年就学存在的实际困难，帮助其完成义务教育。对义务教育以外其他教育阶段的残疾学生按照国家有关规定给予资助。因此，本节从国家、社会、学校、家庭四个方面来讨论农村残疾儿童受教育权的保障问题。

一、农村残疾儿童受教育权的国家保障

我国作为《残疾人权利公约》签署国承诺：采取一切适当的立法、行政和其他措施确保并促进充分实现所有残疾人的一切人权和基本自由，使其不受任何基于残疾的歧视。残疾儿童的受教育权利从法定权利转换为现实权利，其权利相对方之一的国家的义务履行程度起着决定性的作用。具体来看，国家保障义务主要表现在立法、行政和司法三个方面。由于我国受教育权方面司法案例较少，本文只分析立法和行政两个方面。

（一）立法保障

受教育权立法保障，是指国家为实现受教育权所提供的法律保护。[①]在残疾人受教育权利的保护方面，我国已形成了基本的法律制度，具体表现在下列几个方面：

① 潘小宁.义务教育阶段残疾儿童、少年受教育权国家保障研究[D].西安:陕西师范大学,2008.

1. 平等受教育权方面

我国政府特别关心残疾人教育事业，对于残疾儿童受教育权的保障在多部法律法规中都列有相应的条款。《宪法》规定："中华人民共和国公民有受教育的权利和义务。国家和社会帮助安排盲、聋、哑和其他有残疾的公民的劳动、生活和教育。"《教育法》第10条规定："国家扶持和发展残疾人教育事业。"《义务教育法》规定："国务院和县级以上地方人民政府应当保障残疾的适龄儿童、少年接受义务教育。县级以上地方人民政府根据需要设置相应的实施特殊教育的学校（班），对视力残疾、听力语言残疾和智力残疾的适龄儿童、少年实施义务教育。普通学校应当接收具有接受普通教育能力的残疾适龄儿童、少年随班就读，并为其学习、康复提供帮助。"《职业教育法》第7条规定："国家采取措施扶持残疾人职业教育的发展。"第15条规定："残疾人职业教育除由残疾人教育机构实施外，各级各类职业学校和职业培训机构及其他教育机构应当按照国家有关规定接纳残疾学生。"《残疾人教育条例》（2017年修订）规定："国家保障残疾人享有平等接受教育的权利，禁止任何基于残疾的教育歧视。"其第25条规定："普通教育机构对具有接受普通教育能力的残疾人实施教育，并为其学习提供便利和帮助。"

除此之外，《残疾人教育条例》（2017年修订）还规定："县级以上人民政府应当加强对残疾人教育事业的领导，将残疾人教育纳入教育事业发展规划，统筹安排实施，合理配置资源，保障残疾人教育经费投入，改善办学条件；中国残疾人联合会及其地方组织应当积极促进和开展残疾人教育工作，协助相关部门实施残疾人教育，为残疾人接受教育提供支持和帮助；学前教育机构、各级各类学校及其他教育机构应当依照本条例以及国家有关法律、法规的规定，实施残疾人教育；对符合法律、法规规定条件的残疾人申请入学，不得拒绝招收；残疾人家庭应当帮助残疾人接受教育；社会各界应当关心和支持残疾人教育事业。残疾人所在社区、相关社会组织和企事业单位，应当支持和帮助残疾人平等接受教育、融入社会。"

以上法律条款对残疾儿童享有平等的受教育权作出了明确规定，且表明了残疾儿童接受教育的具体形式，规定了国家作为权利相对方在保障残疾人平等受教育权方面的主体职责。同时明确了县级以上人民政府、残疾人联合会、学校及教育机构、残疾人家庭和社会各界在保障残疾人受教育权利实现中的职责要求。

除此之外，我国法律还明确了残疾儿童受教育权遭受侵犯的救济途径，《义务教育法》第57条规定："对于拒绝接收具有接受普通教育能力的残疾适龄儿童、少年随班就读的学校，由县级人民政府教育行政部门责令限期改正；情节严重的，对直接负责的主管人员和其他直接责任人员依法给予处分。"

2. 适宜的受教育权方面

《教育法》规定："国家、社会、学校及其他教育机构应当根据残疾人身心特性和需要实施教育，并为其提供帮助和便利。"《义务教育法》规定："特殊教育学校（班）学生人均公用经费标准应当高于普通学校学生人均公用经费标准。"该法第19条规定："特殊教育学校（班）应当具备适应残疾儿童和少年学习、康复、生活特点的场所和设施。普通学校应当为随班就读残疾儿童和少年提供学习和康复帮助。"第31条规定："特殊教育教师享有特殊岗位补助津贴。"《残疾人保障法》第23条规定："残疾人教育应当根据残疾人的身心特性和需要实施：① 在进行思想教育、文化教育的同时，加强身心补偿和职业教育；② 依据残疾类别和接受能力，采取普通教育方式或者特殊教育方式；③ 特殊教育的课程设置、教材、教学方法、入学和在校年龄，可以有适度弹性。"《残疾人教育条例》（2017年修订）第16条规定："县级人民政府应当优先在部分普通学校中建立特殊教育资源教室，配备必要的设备和专门从事残疾人教育的教师及专业人员，指定其招收残疾儿童、少年接受义务教育；县级人民政府应当为实施义务教育的特殊教育学校配备必要的残疾人教育教学、康复评估和康复训练等仪器设备，并加强九年一贯制义务教育特殊教育学校建设。"该法第41条规定："从事残疾人教育的教师，应当热爱残疾人教育事业，具有社会主义的人道主义精神，尊重和关爱残疾学生，并掌握残疾人教育的专业知识和技能。"

通过以上法律条款可见，我国法律规定，国家、社会、学校及其他教育机构要为残疾人提供适宜的教育条件，在经费划拨、师资配备、环境建设、课程设置、教学康复的设施设备等方面作了具体的规定，为残疾人适宜受教育权的实现提供了法律的保障。

3. 立法保障存在的问题

（1）特殊教育立法的缺失

尽管我国已建立了以宪法为基础，包括教育基本法、教育单项法、教育行政法和教育规章的较为完整的教育法律体系，但在残疾人教育方面却仅有《残疾人教育条例》，该条例由于立法层次较低，导致执法力度比较有限。在我国目前大力发展特殊教育的背景下，针对特殊教育的专门法——特殊教育法的出台十分必要。特殊教育法的缺失，对残疾儿童受教育权利的实现程度有着重大的影响，尤其是需要给予特别关照的农村残疾儿童。

（2）法律规范过于原则

尽管前述多部法律法规都对残疾儿童的受教育权保障作出了相关的规定，但部分条款表述模糊，倡导性内容较多，可操作性不强。"需要""应当"这样的词语在条款中普遍存在。《义务教育法》第19条规定："县级以上地方人民政府根据需要设置相应的实施特殊教育的学校（班），对视力残疾、听力语言残疾和智力残疾的适龄儿童、少年实施义务教育。"条款中对"需要"的界定模糊不清。《残疾人教育条例》第16条规定："县级人民政府应当根据本行政区域内残疾儿童、少年的数量、类别和分布情况，统筹规划，优先在部分普通学校中建立特殊教育资源教室。"其中"应当"的表述毫无约束力。这种模糊的原则性的非强制性规定，导致具体操作上和监督上的困难，不能有效地从法律层面上保障残疾儿童受教育权的充分实现，尤其是农村残疾儿童。

（3）法律救济途径不畅

农村残疾儿童受教育权的缺损除立法、行政等因素外，亦与其自身条件及其家长对该权利的认识局限有关。针对残疾儿童受教育权的缺损，我国相关法律明确列入了救济条款。如《残疾人保障法》第25条规定："普通小学、初级中等学校，必须招收能适应其学习生活的残疾儿童、少年入学；普通高级中等学校、中等职业学校和高等学校，必须招收符合国家规定的录取要求的残疾考生入学，不得因其残疾而拒绝招收；拒绝招收的，当事人或者其亲属、监护人可以要求有关部门处理，有关部门应当责令该学校招收。"该条款中的"有关部门"指代含混，残疾儿童及其家长往往维权无门。一些家长会找到当地政府，政府会要求地方教育行政部门解决，而地方教育行政部门的立场往往和学校、教育机构站在一起。加之条款中的"能适应学习生活""符合国家规定的录取要求"等标准的不明确，家长维权行动多数不了了之。农村残疾儿童家长囿于多方面条件的限制，维权意识和能力尤其不足。

（二）行政保障

农村残疾儿童受教育权的实现与缺损更多受制于行政权是否积极作为。因为行政权对受教育权的侵害往往表现在不履行法定职责而使残疾儿童的受教育权不能得到实现的消极侵害和滥用行政权力从而侵害残疾儿童受教育权的积极侵害。行政保障具体体现在组织机构设置、政策发布和行政执法等方面，[①]是保障农村残疾儿童受教育权实现的关键环节。

1. 教育行政组织机构

教育行政组织机构的存在是保障农村残疾儿童受教育权的基本前提，我国现行教育行政机构由中央到地方分为四级，即中央教育部、省（自治区、直辖市）教育厅、地（市、州、盟）教育局（含教育体育局）、县（市、区）教育局。教育部基

① 潘小宁.义务教育阶段残疾儿童、少年受教育权国家保障研究[D].西安:陕西师范大学，2008.

础教育司下设特殊教育处，负责拟订特殊教育的发展政策和基本教学文件及组织审定国家课程教科书等工作。省、市、县各级教育行政机构均设置基础教育处（科），特殊教育相关事务的管理由基础教育处（科）负责。乡（镇）一级教育事务由乡（镇）中心学校全面负责。农村残疾儿童的教育安置、学籍管理等主要由当地乡（镇）中心学校负责。但中心学校只是承担管理职责，不属于一级教育行政机构，因此其管理职能和管理效力比较受局限。行政机构的设立为保障残疾儿童受教育权的实现奠定了组织基础，但由于乡镇一级教育行政机构的缺失，农村残疾儿童的教育事务缺少专人管理，在一定程度上会影响农村残疾儿童受教育权的实现水平。

2. 政策发布

为了保障残疾儿童实现其受教育权，我国各级机关积极行政，制定了针对残疾人教育的各级各类政策文本。其中代表性的有《中国残疾人事业五年工作纲要》(1988年)、《特殊教育补助费使用办法》(1989年)、《关于发展特殊教育的若干意见》(1989年)、《国务院关于贯彻实施中华人民共和国残疾人保障法的通知》(1991年)、《中国残疾人事业“八五”实施方案》(1991年)、《国家教委、人事部、劳动部、民政部关于进一步做好高等学校、中等专业学校招收残疾考生和残疾学生毕业分配工作的通知》(1991年)、《关于开展残疾儿童随班就读工作的试行办法》(1994年)、《关于切实做好“八五”期间残疾人教育工作的通知》(1994年)、《残疾儿童少年义务教育“九五”实施方案》(1996年)、《特殊教育学校暂行规程》(1998年)、《中国残疾人事业“十一五”计划纲要》(2006年)、教育部关于印发《盲校义务教育课程设置实验方案》《聋校义务教育课程设置实验方案》《培智学校义务教育课程设置实验方案》的通知（2007年)、《国家中长期教育改革和发展规划纲要（2010—2020年）》(2010年)、《特殊教育提升计划（2014—2016年）》(2014年)、《第二期特殊教育提升计划（2017—2020年）》(2017年）等。这些政策的发布为农村残疾儿童受教育权的实现奠定了良好的基础。

纵观以上政策，残疾儿童的平等受教育权一直是政策关注的重点，1988年，《中国残疾人事业五年工作纲要》提出：“今后五年，要采取多种措施，使盲童、聋童入学率分别提高到10%和15%，弱智儿童入学率要有大幅度提高。”在《关于发展特殊教育的若干意见》(1989年）提出：“智力残疾儿童在农村实行就近入学，随班就读。”《中国残疾人事业“十一五”计划纲要》提出：“基本普及残疾儿童少年义务教育，接受普通教育的残疾儿童少年入学率达到与当地健全儿童少年同等水平。”《国家中长期教育改革和发展规划纲要（2010—2020年）》提出：“全面提高残疾儿童少年义务教育普及水平。”《特殊教育提升计划（2014—2016年）》提出：“全国基本普及残疾儿童少年义务教育，视力、听力、智力残疾儿童少年义务教育入学率达到90%以上，其他残疾人受教育机会明显增加。将残疾儿童少年入学指标列入义务教育评估验收指标体系，统计义务教育对象必须包括适龄残疾儿童少年。”《第二期特殊教育提升计划（2017—2020年）》提出：“全面普及残疾儿童少年义务教育，提高巩固水平，解决实名登记的未入学适龄残疾儿童少年就学问题。到2020年，各级各类特殊教育普及水平全面提高，残疾儿童少年义务教育入学率达到95%以上。”并提出以区县为单位落实“一人一案”，做好每一个残疾儿童教育安置的明确要求。

在保障残疾儿童平等的入学机会的同时，政策更多地关照到了残疾儿童能否接受适宜教育的问题，具体涉及了特殊教育的师资、经费、招生、课程、教学设备、教育场所等众多内容。如《关于发展特殊教育的若干意见》（1989年）提出：“各地学校要努力改进教学方法，探索教学规律，使他们受到适当的特殊教育。”《国家中长期教育改革和发展规划纲要（2010—2020年）》强调：“鼓励和支持接受残疾学生的普通学校为残疾学生创造学习生活条件。加强特殊教育师资队伍建设。加大对家庭经济困难残疾学生的资助力度，逐步实施残疾学生高中阶段免费教育。”党的十八大明确提出要“支持特殊教育”。《国民经济和社会发展“十二五”规划纲要》提出：“关心和支持特殊教育。改善特殊教育学校办学条件，逐步实行残疾学生高中阶段免费教育。”《第二期特殊教育提升计划（2017—2020年）》强调：“提高残疾学生资助水平，实行家庭经济困难的残疾学生从义务教育到高中阶段教育的12年免费教育。健全特殊教育教师编制动态调整机制和待遇保障机制。”2012年，教育部等颁发的《关于加强特殊教育教师队伍建设的意见》，提出：“到2020年，形成一支数量充足、结构合理、素质优良、富有爱心的特殊教育教师队伍。”

为具体落实教育法律、法规及上级行政机关对教育事务提出的要求，各级教育行政部门也可以根据地方的实际情况和需求制定教育政策文本，以推进地方残疾儿童教育事业的发展，保障残疾儿童受教育权的全面实现。

但总体来看，现有特殊教育政策对农村残疾儿童没有特别倾斜，以教育经费投入为例，生均公用经费和残疾学生生活补助没有区分城市与农村，但对于农村残疾儿童而言，进入特教学校就读基本都需要至少一名家长的陪伴，又因多数学校不接受生活不能完全自理的残疾儿童寄宿，农村残疾儿童及其家长一般都要租住在学校附近，这就使得农村残疾儿童就学成本大大高于城市残疾儿童，导致一些家长因此拒绝送残疾儿童入学。

3. 教育行政执法

教育行政执法主要任务是推进和监督教育法律法规、政策的实施。对特殊教育来说，主要包括特殊教育经费的筹集、拨付和管理，特殊教育师资培训，教学内容与课程设置，审定教科书，推进随班就读、送教上门工作，健全特殊教育体系；并对教育法律法规和政策的实施情况进行监督、检查，对违反教育法律法规和政策的行为进行纠正等。《“十一五”期间中西部地区特殊教育学校建设规划（2008—2010年）》的总体目标是中央和地方政府共同投入，在中、西部地区建设1150所左右特殊教育学校，基本实现在中、西部地区的地（市、州、盟）级和30万人口以上或残疾儿童少年较多的县（市、旗）有1所独立设置的综合性（盲、聋哑、弱智三类校中两类及以上组合建制学校）或单一性特殊教育学校。在资金方面，从1989年起，国家设立特殊教育学校建设投资专项，用于补助地方特殊教育学校校舍建设，改扩建校舍总面积近40万平方米。“十二五”期间，中国残疾人联合会和教育部相继开展了“中西部盲童入学项目”“扶残助学项目”“彩票公益金助学项目”等，累计投入近1.2亿元，共资助贫困残疾学生近5万余人次。同时，地方各级政府普遍加大了特殊教育的经费投入，社会各界也开展了多种形式的扶残助学活动，形成支持特殊教育发展的合力。

目前，我国各级教育行政部门积极执法，在特殊教育体系建立、特殊教育经费筹集、特殊教育师资培训、特殊教育课程建设、特教学校和随班就读学校建设、落实“一人一案”，保障残疾儿童入学，尤其是农村残疾儿童入学方面取得了重大的突破。但与发展目标相比，还有较大的差距。

4. 行政保障存在的问题

（1）特殊教育体系不健全，管理机制不完善

《特殊教育提升计划（2014—2016年）》提出的重点任务之一就是完善特殊教育体系，但目前我国大部分地区，尤其是经济欠发达地区，特殊教育体系仍不健全，表现在残疾儿童义务教育入学率和巩固率不高，整体处于数量提升的粗放发展阶段，残疾儿童学前教育、高中教育和中等职业教育发展缓慢，一些地区刚刚起步等情况。从城乡发展的角度看，农村地区又普遍落后于城市。

尽管各级教育行政机关的基础教育处（科）负有管理辖区特殊教育事务的职责，但往往由于没有专人负责特殊教育工作且管理制度不明确等，导致教育行政机关对残疾儿童的入学条件、在读情况等缺少规范的评估和督导，尤其是农村学校的随班就读工作常常处于管理的真空地带。

（2）特殊教育学校布点不足，资源教室风毛鳞角

在30万人口以上且适龄残疾儿童少年较多的县市建立一所特殊教育学校是保障残疾儿童尤其是中重度残疾儿童接受教育的重要举措。“十一五”以来，我国新建扩建特殊教育学校上千所，解决了大批残疾儿童的就学问题。但已建特教学校主要集中在城市，农村基本处于空白状态。另外，截至2015年，全国仍有589个30万人

口以下的县没有特教学校，多分布在全国老少边穷地区。这就使不能随班就读的农村残疾儿童无法进入特殊教育学校就读，或要到离家较远的特教学校就读，大大增加了农村残疾儿童入学的困难。笔者在2015年的调查中发现，在未入学的农村残疾儿童中，家庭经济困难（占10%）并不是最突出的原因，而无特教学校（班）（占60%）是主要原因之一；在农村残疾儿童辍学的原因中，交通不便也占了17%。农村普通学校因缺乏特殊教育专业师资、设备，且极少建有资源教室，往往会想办法拒收残疾儿童；即使残疾儿童能够随班就读，由于缺乏专业指导、监督和检查，残疾儿童在学校中“随班混读”和“随班就座”的现象仍是主流。

（3）特殊教育师资培训较少，资源教师、巡回指导教师缺乏

由于我国特殊教育起步较晚，职前特殊教育教师培养严重不足，特殊教育专业和康复专业背景的师资在特教学校中严重缺乏，随班就读学校就更难觅踪影，因此，开展特殊教育专业培训就十分重要。2010年以来，“国培”计划中特殊教育教师培训项目主要以特殊教育学校教师为主，且班次较少，针对随班就读教师的专项培训就更加稀少。资源教师和巡回指导教师在很多地方被完全忽略，有些地方设置的兼职资源教师和巡回指导教师由于缺乏专业知识、技能和应有的监督管理，基本无法开展工作，聊胜于无。

（4）特殊教育经费投入不足，专项支持较少

《国家中长期教育改革和发展规划纲要（2010—2020年）》强调：“加大对特殊教育的投入力度，鼓励和支持接受残疾学生的普通学校为残疾学生创造学习生活条件。”《第二期特殊教育提升计划（2017—2020年）》进一步对特殊教育经费的标准提出了具体的要求：“各地要保证特殊教育学校生均公用经费6000元，有条件地区要适当增加年度预算。随班就读、特教班和送教上门的义务教育阶段生均公用经费标准按特殊教育学校执行。中央财政特殊教育专项补助资金重点支持困难地区和薄弱环节等。”各地政府陆续执行计划要求，加大拨款力度，基本达到了生均6000元标准。但部分地方对特殊教育的认识水平偏低，仍将其定位为慈善事业和公益事业，而非残疾儿童应享有的权利，在专项经费支持方面不投入或少投入，导致特教学校和随班就读学校各方面建设无法达标。经济欠发达地区表现尤为明显。

二、农村残疾儿童受教育权的社会保障

一个社会的文明程度直接决定了残疾人权利的保护和实现程度。《残疾人权利公约》（2006年）要求：“各缔约国要提高整个社会对残疾人的认识，促进对残疾人权利和尊严的尊重；消除对残疾人的定见、偏见和有害做法；提高对残疾人的能力

和贡献的认识。”为了实现这一目标，各国应进行有效的宣传运动；在各级教育系统中培养尊重残疾人权利的态度；鼓励所有媒体机构正向宣传报道残疾人；推行了解残疾人和残疾人权利的培训方案等。作为公约的缔约国，我国政府通过多渠道保障残疾人权益，在全社会营造尊重关爱残疾人的氛围，残疾人权利实现取得了很大进步。但从总体来看，我国在社会观念、社会救助体系、社会力量助学、无障碍环境建设等社会保障要素方面仍十分薄弱，对于残疾儿童、尤其是农村残疾儿童受教育权利的实现制约明显。

（一）社会观念

近些年来，我国社会观念有了较大变化，残疾儿童应享有平等而适宜的教育观念已被越来越多的人了解和接纳。但整体来看，目前社会对待残疾人的态度更多表现为同情、怜悯，平等和尊重的观念仍没有成为主流。从平等公民的角度来尊重残疾人的权益仍未成为广大民众的普遍认知。这导致残疾儿童被普通学校拒收的现象时有发生，甚至有的残疾儿童被多所学校劝退，只能辍学在家。进入普通学校随班就读的残疾儿童也常常因为缺少专业的师资和应有的关注，难以得到适宜的发展。社会传统观念还直接影响了女性残疾儿童的入学率，造成残疾女童的入学率显著低于残疾男童。这一现象在经济欠发达的农村地区尤为明显。社会观念对农村残疾儿童受教育权的制约具体表现在：

1. 农村社区忽视残疾儿童教育的现象比较普遍

由于经济发展水平的局限，把残疾人，尤其是丧失劳动能力的残疾人看成是社会和家庭的负担的观念在农村还根深蒂固，人们对残疾人的能力和贡献认识不足，对残疾儿童的发展抱有消极的态度，对残疾儿童接受教育的必要性和价值表示怀疑，甚至表现出严重的歧视和排斥。在这种社会观念的影响下，农村残疾儿童，尤其是重度残疾儿童入学率、巩固率都明显低于城市残疾儿童。在普通学校就读的残疾儿童也经常感到来自同学甚至老师的歧视和排斥，同伴群体的嘲笑和疏远更使部分残疾儿童不能很好地融入集体，处于被漠视的状态。与学习情况和学校条件不足相比，歧视和排斥已成为残疾儿童恐惧学校甚至辍学的更重要原因。

2. 公众对于残疾儿童受教育权利的认识比较模糊

随着我国残疾人教育政策的大力推行，农村残疾儿童入学问题基本得到了解决，但人们还大多把残疾儿童的入学理解为社会的福利，而非残疾儿童的权利使然，在操作中表现出较大的随意性。对于残疾儿童是否有机会接受教育、能否接受适宜的教育等缺少必要的关注。

（二）社会救助体系

近些年来，我国社会救助体系逐渐完善，对残疾儿童的教育救助主要由残联、民政、教育行政部门等联合开展。《国务院关于建立残疾儿童康复救助制度的意见》（2018年）进一步扩大了救助范围，将符合条件的0～6岁视力、听力、言语、肢体、智力等残疾儿童和孤独症儿童全部纳入救助体系，包括城乡最低生活保障家庭、建档立卡贫困户家庭的残疾儿童和儿童福利机构收留抚养的残疾儿童；残疾孤儿、纳入特困人员供养范围的残疾儿童；其他经济困难家庭的残疾儿童。义务教育阶段残疾儿童的救助主要由教育行政部门负责，具体包括"两免一补"和地方政策性补助。高中（中职）阶段的残疾儿童教育享有免除学杂费，并得到国家助学金补助的政策。在救助体系日益完善的背景下，针对农村残疾儿童的教育救助仍有待完善。具体表现在：

1. 救助标准城乡一致，未向农村残疾儿童倾斜

在目前的救助制度中，没有专门针对农村残疾儿童的特殊救助政策，但由于康复机构和特教学校均主要设立在城市，农村残疾儿童接受康复和教育往往需要由家长陪同，额外增加了残疾儿童家庭的经济负担，而农村残疾儿童家庭往往经济困难，因此，在救助政策中应考虑对农村残疾儿童家庭给予一定的生活补助。

2. 农村救助机构不健全，工作人员业务知识缺乏

由于基层救助机构不健全，人员编制不足，工作人员政策业务知识缺乏等，导致针对残疾儿童教育救助等政策的宣传落实都比较滞后，一些残疾儿童因此错过了最佳的康复期或教育关键期。在具体实施救助过程中，由于对救助主体、对象、条件、范围、标准、期限等方面缺乏统一的政策规定，导致设立救助的贫困标准不统一，救助的时机也不一致，救助的程度随意性较大，甚至造成漏救和重复救助现象，导致救助工作难以公正有效开展。如有些地方在统计残疾儿童身份信息时，仍以是否办理残疾人证为标准，造成部分残疾儿童没能及时得到救助。

（三）社会力量助学

《残疾人教育条例》提出："社会各界应当关心和支持残疾人教育事业。残疾人所在社区、相关社会组织和企事业单位，应当支持和帮助残疾人平等接受教育、融入社会。国家鼓励社会力量举办特殊教育机构或者捐资助学；鼓励和支持民办学校或者其他教育机构招收残疾学生。"《第二期特殊教育提升计划（2017—2020年）》动员社会各界采用多种形式扶残助学，提供志愿服务，形成关心和支持特殊教育的良好氛围。强调发挥乡镇（街道）、村（居）民委员会在未入学残疾儿童少年信息收集、送教上门、社会活动等方面的支持作用，建立健全志愿者扶残助学机制。近些年来，我国社会公益力量在助残就学方面发展较快，民办特殊教育学校、康复机构的开办，企业事业单位、社会公益组织及个人的捐资助学，志愿者服务活动的广泛开展为残疾儿童接受教育提供了不可或缺的保障，但还有明显不足。具体表现在：

1. 社会力量助学还不够充分

民办资金开办特殊教育学校和康复机构比例较小，且集中在城市；社会公益组织、志愿者服务等社会力量对残疾儿童就学的支持往往比较随意，缺乏稳定性和持久性。在社会力量助学方面还有待社会更进一步的发展，也依赖更多社会力量的加入。

2. 农村社区志愿者服务活动较少

目前，我国公民整体的公益观念还不够强，志愿者组织不够完善，大学生群体仍是志愿者组织的主要成分。农村社区居民对志愿者的概念还很模糊，社会公益力量对农村残疾儿童的教育支持还很薄弱。

（四）无障碍环境

《残疾人公约》（2006年）明确指出："社会的态度障碍和环境障碍是造成残疾的重要原因。为此，缔约国应当采取一切适当措施消除各种障碍，促进和保护残疾人的权利、尊严，促使残疾人有平等机会参与公民政治、经济、社会和文化生活。"2012年8月，我国开始实施《无障碍环境建设条例》，内容主要包括无障碍设施建设、无障碍信息交流、无障碍社区服务等，并对城乡道路、公共交通、居住建筑、公共建筑建设等提出了明确的无障碍建设标准和要求，对国家举办的升学考试等要求提供无障碍交流途径，并要求逐步完善社区公共服务设施的无障碍服务功能，为残疾人等社会成员参与社区生活提供便利。《无障碍环境建设"十三五"实施方案》（2016年）进一步明确了无障碍的建设目标和建设进程。但一直以来，我国许多地方无障碍环境建设和管理滞后，有的新建筑物不按照无障碍设施规范建设，旧建筑物未列入无障碍改造计划，不少地方无障碍设施缺乏有效管理，导致残疾人难以走出家门，阻碍了他们对社会的参与。学校普遍缺乏无障碍环境，也是阻碍残疾儿童进入普通学校、影响残疾儿童学习效果的一个重要原因。

三、农村残疾儿童受教育权的学校保障

学校作为专业的教育机构是保障受教育者接受专业化教育的基础和关键。对于农村残疾儿童而言，能否顺利进入学校和能否在学校中得到适宜的教育直接决定了其受教育权的实现程度。教育部统计数据显示，2012年我国6～14岁农村残疾儿童接受义务教育的比例为71.4%，主要教育安置方式为普通学校随班就读、普通学校

附设特教班就读和特殊教育学校就读。2014年以来随着送教上门工作的开展，农村残疾儿童义务教育入学率进一步提高，在平等接受教育机会方面得到了较好的保障。但由于残疾儿童的特殊需求，接收残疾儿童就读的学校必须依法为其提供“合理便利”，以保障他们能无障碍地获得适宜的教育。因此，学校对于残疾儿童的教育权保障体现在是否依法接收学生入学，以及能否为残疾学生提供适宜的学习条件。对于农村残疾儿童而言，目前在这两个方面仍然存在一些障碍。

（一）普通学校和特教学校均存在拒收残疾儿童现象

我国《义务教育法》规定：“县级以上地方人民政府根据需要设置相应的实施特殊教育的学校（班），对视力残疾、听力语言残疾和智力残疾的适龄儿童、少年实施义务教育。普通学校应当接收具有接受普通教育能力的残疾适龄儿童、少年随班就读，并为其学习、康复提供帮助。”《残疾人教育条例》（2017年修订）规定：“学前教育机构、各级各类学校及其他教育机构不得拒绝招收符合法律、法规规定条件的残疾人入学。”但由于对残疾儿童是否具备接受普通教育的能力的评估标准不明确，评估机制不健全，导致很多普通学校（幼儿园）仅凭简单的观察就拒绝残疾儿童入学，或者自定评估标准，附加额外条件等，人为为残疾儿童入学设限。导致符合随班就读条件的部分残疾儿童不得不进入特教学校，而另外一些残疾儿童，尤其是农村残疾儿童往往由于本地无特教学校或特教学校距离较远等原因而辍学在家。

在我国大力倡导融合教育的背景下，特教学校逐渐以招收中重度残疾儿童为主，在招生类别上也不再局限于视力残疾、听力语言残疾和智力残疾三类。但在实际操作中，仍有特教学校以残疾程度重、学校不具备招收条件、家长必须陪读等理由拒绝一些本来可以进入特教学校学习的残疾儿童入学。

据中国残疾人联合会执行理事会理事长鲁勇在2018年“两会”期间介绍：“目前我国仍有约24万残疾儿童没有完全解决义务教育问题，从这20多万的群体来看，主要是两个80%。重度残疾儿童约占80%，家住农村的占80%。”非义务教育阶段残疾儿童教育的普及率更低。可见，无论是普通学校还是特教学校在保障农村残疾儿童顺利入学方面还都有较多的漏洞需要弥补。

（二）普通学校和特教学校均存在教学条件不达标的问题

《残疾人保障法》第26条规定：“提供特殊教育的机构应当具备适合残疾人学习、康复、生活特点的场所和设施。”《残疾人随班就读工作管理办法》（2011年修订）对随班就读学校（幼儿园）的设施设备、教育教学、教师配备、考核评价等均提出了具体明确的要求。《特殊教育学校建设标准》（2015年）对特殊教育学校的办学规模、校舍建筑面积、教学及教学辅助用房、公共活动及康复用房、校园无障碍环境等都提出了明确的要求。《特殊教育提升计划（2014—2016年）》实施以来，国家在特殊教育经费投入上重点倾斜，特教学校和随班就读普通学校（幼儿园）建设都大有改观。但在保障残疾儿童享有适宜的教育方面还存在着明显的不足。具体表现在，部分特教学校和绝大部分的随班就读普通学校都存在无障碍设施不完善、功能教室和专用教室配备不达标、班额过大、教师负担重等现象；在师资力量上，特教学校中特殊教育专业教师比例仍然不高，部分学校甚至低于10%，随班就读普通学校中特殊教育专业教师比例极低，除部分经济发达地区的城市学校配有资源教师外，中、西部地区，尤其是农村地区普通学校基本无特教专业教师配置，也较少有教师参加过特殊教育专业知识和技能的培训，无法满足残疾儿童适宜教育的需要；就教育教学活动而言，特教学校中仍以传统课堂教学模式为主，个别化教育实施普遍较弱，随班就读残疾儿童“随班就座”“随班混读”状况仍很常见；接受送教上门的残疾儿童，亦由于送教师资的专业性不足、送教时间较少、监督管理不完善等原因而无法保障其教育质量。

四、农村残疾儿童受教育权的家庭保障

《义务教育法》（2006年）规定：“适龄儿童、少年的父母或者其他法定监护人应当依法保证其按时入学接受并完成义务教育。”《未成年人保护法》（1991年）规定：“父母或者其他监护人应当尊重未成年人受教育的权利，必须使适龄未成年人依法入学接受并完成义务教育，不得使接受义务教育的未成年人辍学。残疾儿童作为未成年人，其父母或其他监护人应依法保障其受教育权的实现。”《残疾人教育条例》（2017年修订）作为规范残疾人教育的专门性法律文件，规定：“残疾儿童、少年的父母或者其他监护人应当尊重和保障残疾儿童、少年接受教育的权利，积极开展家庭教育，使残疾儿童、少年及时接受康复训练和教育，并协助、参与有关教育机构的教育教学活动，为残疾儿童、少年接受教育提供支持。”家庭在保障残疾儿童受教育权中起着最直接的作用，其他保障要素的实现程度都受制于家庭要素。残疾儿童作为特殊群体，其教育权的保障需要家长履行更多的义务。但由于家庭经济条件、所处地域文化环境、家长受教育程度等因素的影响，残疾儿童家长，尤其是农村残疾儿童家长往往不能很好履行保障残疾儿童受教育权的职责。具体表现在部分家长拒绝送残疾儿童入学，对残疾儿童在学校的教育状况较少关心，以及在残疾儿童受教育权法律救济上的普遍缺位。

（一）部分家长拒绝送残疾儿童入学

在农村地区，很多残疾儿童家长认识不到残疾儿童接受教育的潜能和价值，

加之残疾儿童就学带来的经济和人力压力（需要接送或者陪读），致使一些家长拒绝送残疾儿童入学，直接剥夺了残疾儿童接受教育的机会。笔者2015年调查发现，对残疾子女接受教育持不支持态度的家长占4.88%，持无所谓态度的家长占39.02%，且有41.46%的家长完全不了解残疾儿童受教育权的相关法律与政策①，对自己应当承担的保障子女受教育权的义务表现出无所谓的态度。还有一些残疾儿童家长自身也是残疾人，无法有效承担其应有义务。笔者在送教上门调查中发现，智力残疾儿童小W一家5口，除70多岁的爷爷外均有残疾，爸爸智力残疾三级，妈妈智力残疾一级、无语言，奶奶智力残疾三级、伴言语障碍。小W的家庭环境非常不利，家长对小W能否接受教育以及教育效果没有概念，反而对送教老师每次带去的礼物更感兴趣。

（二）部分家长对残疾儿童在学校的教育情况较少关心

部分农村残疾儿童家长因对残疾儿童接受教育的期望不高，且往往认为学校教师就是教育专家，自己无需更多关心孩子在校学习情况，不会主动与老师沟通孩子的学习情况。还有一些随班就读残疾儿童家长认为学校能接收自己孩子就读自己就已经很满意了，不会再为孩子能否接受更适宜的教育提出要求。而在特教学校就读的农村残疾儿童中，由祖父母（外祖父母）陪读的较多，老人们除照顾好孩子的日常生活外，对其受教育情况关注较少。笔者在对特教学校老师的访谈中了解到，听力残疾儿童小S父母均在外地打工，在与班主任老师交流时，甚至不知道自己的孩子在读几年级，对孩子学习情况关心很少，对老师提出的家庭教育的要求也往往是被动、消极地配合。家长认为自己的任务就是多赚些钱，好为小S日后的生存做好准备。近些年来，残疾儿童入学率有了很大提高，但是教育质量却不尽如人意。这种现状与家长消极被动地参与学校教育与管理不无关系。②

（三）家长在残疾儿童受教育权法律救济上的普遍缺位

《义务教育法》和《残疾人保障法》都对残疾儿童接受教育的权利作出了明确的规定，且都明确了救济途径。但现实中因残疾儿童受教育权受到侵害而引起的诉讼案件很少，寻求行政救助的也多来自城市的残疾儿童家长。多数农村残疾儿童家长在残疾儿童受教育权受到侵害后，虽有强烈的保护残疾儿童受教育权的愿望，但因缺乏相关法律知识、自身受教育程度低等原因最终选择接受现状，放弃维权。由于家长在残疾儿童受教育权法律救济过程中的普遍缺位使残疾儿童受教育权的侵害不能引起社会的普遍关注，亦不利于残疾儿童更好地享有平等而适宜的教育。

---

① 郭启华.安徽省农村残疾儿童教育现状调查[J].绥化学院学报,2015(4):6-10.

② 刘家勤.论义务教育阶段残疾儿童受教育权保障的家长义务[J].中国特殊教育,2011(6):3-7.

第二节　农村残疾儿童受教育权保障机制构建

在教育现代化的背景下，农村残疾儿童作为受教育权最容易遭受侵害的群体，其受教育权的保障尤其需要得到各方面的关注。健全完善的保障机制尤为重要。

一、构建国家、社会、学校、家庭协同保障机制

农村残疾儿童受教育权的保障程度不仅取决于某个单一因素，而更多取决于各保障要素的协同程度。

（一）各保障要素的作用及内部机制

1. 国家

国家既是教育权利的分配主体，也是教育权利的保障主体。国家保障职能主要通过立法、行政、司法三个层次体现。即国家制定保障农村残疾儿童受教育权的相关法律；各级行政部门依法行政，通过设置专门的组织机构、发布相关政策、开展行政执法等使农村残疾儿童的受教育权得到有效保障；对于侵犯农村残疾儿童受教育权的案件由司法机关依法处理。进而保障农村残疾儿童的受教育权。

2. 社会

社会环境是保障农村残疾儿童受教育权的基础，主要包括社会观念、社会力量助学、社区服务几个方面。社会观念直接影响人们对残疾儿童受教育权利和价值的认识，进而决定了社会力量助学的投入规模和程度，以及社会服务体系的完善程度。各因素相互制约和影响，共同作用于农村残疾儿童的受教育权保障。

3. 学校

学校作为专门的教育机构，是保障农村残疾儿童受教育权的关键。学校中的设施设备、课程教学、教师配备、考核评价等方面相互影响和制约，其综合建设水平直接决定了残疾儿童受教育权的实现程度。

4. 家庭

家庭是农村残疾儿童受教育权保障的前提。家长的观念、受教育程度、健康水平、家庭经济状况等相互作用和影响，成为农村残疾儿童受教育权保障的起点。

（二）各保障要素的相互作用关系

在保障农村残疾儿童受教育权方面，国家保障是根本，学校保障是核心，社会保障是基础，家庭保障是前提。只有各方面协调运行，才能最终保障农村残疾儿童接受平等而适宜的教育。其相互关系可理解为：

1. 从纵向上看

国家通过立法、行政、司法手段分别作用于学校、社会和家庭，即通过学校、社会和家庭将保障农村残疾儿童受教育权的法律、政策贯彻执行下去。其中，学校是保障残疾儿童受教育权的核心力量，最直接决定农村残疾儿童受教育权实现的质量。国家、社会、家庭的因素最终都通过学校体现出来（图4-1）。

2. 从横向上看

社会、学校、家庭相互影响和作用，其作用性质有积极和消极两个方面。在三者的相互作用中，学校应占主导地位，在保障农村残疾儿童受教育权方面担负宣传和引导社会认知，指导家庭教育的重要职责（图4-1）。

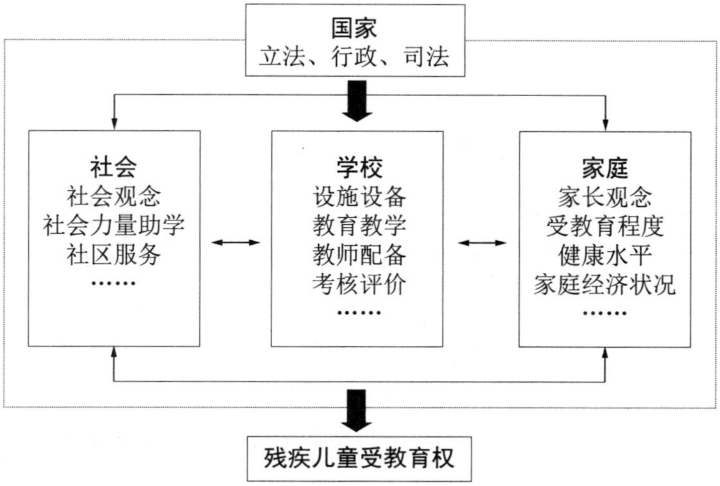

图4-1　农村残疾儿童受教育权保障机制框架

二、构建协同保障机制的主要路径

为使每一个残疾儿童能够在公平、包容的环境中接受适宜的教育，必须建立有效的保障机制。加强特殊教育立法、改革特殊教育管理体制、加大特殊教育经费投入、加强特殊教育教师队伍的建设与管理、加强各部门的统筹协调等是完善农村残疾儿童受教育权保障机制的关键。

（一）完善特殊教育法律体系

我国目前主要的特殊教育相关法律为《残疾人教育条例》，因立法层次较低，法律效力发挥受限，且条例中相关规定不够具体，如对残疾儿童的残疾类型与程度的鉴定标准、鉴定机构的构成、鉴定人资格等均未作出明确的规定，难以有效保障残疾儿童接受适宜的教育。另外，现行的特殊教育相关法律中部分条款缺乏可操作性，没有制定明确的法律问责制，导致对特殊教育法律法规的执行不到位。使农村残疾儿童的受教育权不能得到充分保障。建议国家尽快出台《特殊教育法》，健全特殊教育法律体系，依法保障农村残疾儿童受教育权利。

（二）改革特殊教育管理体制

目前我国还存在着对特殊教育的管理重视不够、特殊教育管理体制不健全的现象，各省、市、自治区和县级以上教育行政部门没有设立专管特殊教育的负责人，致使对残疾儿童教育督导不力，教育资源的利用与效益的发挥受到限制，残疾儿童受教育权和教育质量得不到保障。应提高各级政府依法履职的意识，将残疾儿童入学率、特殊教育教师专业化水平、特殊教育保障水平等纳入到地方义务教育均衡发展、教育现代化以及全面建成小康社会的综合督政指标，并建立相应的奖惩机制，确保特殊教育政策法律落到实处。

（三）加大特殊教育经费投入

各地区经济发展水平的差距导致了残疾儿童教育发展的地区差异，城乡之间的经济差距导致了残疾儿童教育发展的城乡差异。应建立保障特殊教育投入增长的长效机制，进一步增加特教学校生均预算内公用经费标准；将残疾人学前、义务、高中阶段教育纳入基本公共服务范围，实施15年免费教育；明确残疾人就业保障金用于特殊教育发展的比例，并落实到位。同时出台鼓励民间力量参与残疾人教育事业的具体办法。此外，要处理好城乡残疾儿童受教育权发展不均衡的问题，对乡村残疾儿童给予特别保障，并重点处理好经济落后地区落实残疾儿童受教育权的经费保障问题，从而实现区域之间、城乡之间残疾儿童受教育权公共服务的均等化。[①]

（四）加强特殊教育师资队伍的建设与管理

目前我国特教和康复等专业教师数量严重不足，且职前培养和职后培训严重滞后。应加大特教和康复等专业师资职前培养力度，建立完善的特教教师职后培训体系；针对特教学校特点，提高特教教师编制标准；提高普通学校资源教师配备标准，敦促普通师范院校普遍开设特殊教育必修课，以保证普通学校教师的特殊教育

① 刘家勤.论义务教育阶段残疾儿童受教育权保障的家长义务[J].中国特殊教育,2011(6):3-7.

专业素养；统筹规划高等特教师范院校布局，保证质量；将特教教师培训全面纳入各级各类教师培训规划和项目，实施中、西部地区特教教师定向培养计划，并重点向农村地区倾斜；全面落实特教津贴政策，制定随班就读教师和资源教师的特教津贴标准。

（五）加强特教学校和随班就读学校建设

目前，我国部分特教学校和大部分随班就读学校的建设仍与满足残疾儿童接受适宜教育的目标有较大差距。应加强特教学校的课程和教材、环境与设施建设，健全学校管理机制；出台随班就读相关政策，研制普通学校特殊教育资源教师建设标准，建立随班就读质量监控体系；加强顶层设计，明确送教上门对象、人员、目标、内容、质量评估等多方面要素，保证残疾儿童获得适合的教育与康复服务。

第五章　农村残疾儿童受教育权保障案例

作为《残疾人权利公约》的缔约国，我国通过立法、行政等多种途径保障残疾人的受教育权，促进残疾人教育事业的快速发展。但在教育现代化的大背景下，残疾儿童教育仍是教育系统中最薄弱的环节，农村残疾儿童往往又叠加了贫困、留守等不利因素，其享有公平而有质量的教育之路还不平坦，农村残疾儿童的受教育权保障任重道远。

本章通过呈现农村残疾儿童教育个案、特殊教育学校个案和随班就读学校个案，更直观地呈现农村残疾儿童受教育权的实现程度与保障状况。

第一节　农村残疾儿童教育个案

本研究共选择了20名农村残疾儿童进行追踪，由于其中2名儿童去世，1名儿童失去联系（与家长一同离开居住地），3名儿童义务教育结束（送教仅1年），1名随班就读儿童资料在第三章有所介绍，因此，本章只呈现比较有代表性的10个个案。[①]

① 文中涉及人物均已匿名，个案调查完成时间为2018年5月。

一、个案一

1. 个人基本信息

小A，女，2009年10月生，一级肢体残疾（脑瘫），持有残疾人证。

2. 家庭基本情况

（1）家庭成员情况

家中有父亲、母亲、姐姐、弟弟。父亲在村卫生室上班，姐姐上大学，弟弟上小学一年级。小A主要由母亲照顾。

（2）家庭收入

父亲在村卫生室上班，父亲的工资是其家庭唯一的收入来源。

3. 学习情况

（1）就学形式

送教上门。

（2）送教时间

对小A的送教上门服务开始于2016年10月，每两周送教1次，每次50分钟。

（3）送教教师

小A的送教上门工作由两位教师负责，两位教师均来自县特殊教育学校，且均毕业于南京特殊教育师范学院（原南京特殊教育职业技术学院），一位教师40岁，小学一级职称，另一位教师26岁，小学二级职称。两位教师均为女性。

（4）小A的发展情况

① 感知运动：小A的动作能力很差，平时在家只能用毛巾绑着坐在推车上或是躺在沙发、床上，老师去送教时会帮助她扶墙站立，或者带她去逛超市。

② 语言与言语：小A能理解简单的语言，但没有口语能力，只会用微笑或瘪嘴来表达她是否高兴或愿意。

③ 自理能力：小A因行动能力受限，生活无法自理，完全由母亲照料。

④ 社会适应：虽然小A不会说话，但她对常见的人，如家人、亲戚、老师等表现出互动的愿望与热情。

⑤ 学习能力：小A有一定的语言理解能力和记忆力，通过训练，已经具备了基本的物品辨识能力，知道家中常见物品的名称和位置。

（5）送教内容

根据小A的实际情况，送教的老师主要训练其手的抓握能力、视觉注意力、视觉追踪能力及生活中常见物品的接受性命名能力，并帮助其维护身体清洁。

4. 小A及家长对送教的态度

在为时两年的送教活动中，小A与送教老师逐渐建立起了深厚的感情，从刚开始的排斥到现在的完全接纳与良好互动，小A对送教活动及老师的态度有了极大的转变。小A的家长对送教活动表现出了较大的热情，非常配合送教老师的工作，经常主动与老师交流孩子日常情况，也表示十分感谢学校及老师对孩子的关爱和训练。

5. 小A家庭获得的社会支持情况

小A家庭为“建档立卡”贫困户，享受国家的“两免一补”政策、二级以上残疾每月60元生活补贴、每年800元就读补助。小A所在社区对小A及其家庭的支持较少，但邻居与他们相处融洽，与小A的互动也比较多。小A的亲戚对小A及其家庭的支持较多，尤其是姑姑和小姨会经常帮忙照看小A。

6. 总结与讨论

2016年10月开始接受送教上门服务时，小A刚好满7周岁，虽然和同龄儿童相比，入学晚了1年，但与同样重度残疾的儿童相比，小A接受送教服务的年龄相对较小。这得益于《特殊教育提升计划（2014—2016年）》等相关政策的发布和实施。小A家庭为“建档立卡”贫困户，得到了残联和教育行政部门的项目资助。

为小A提供送教服务的教师均有特殊教育专业背景，并具有丰富的特殊教育实践经验，专业化水平较高。小A的送教时间较为稳定但间隔较长，每两周一次，每次50分钟，实际每学期送教8—9次，这远不能满足小A发展的需要。送教的内容针对性较强，根据小A的实际情况，主要训练其手部精细运动、视觉注视与追踪、简单的物品认知及身体清洁能力等。

小A的家庭完整，家庭成员对小A较为关心，但家庭经济负担较重。家长对送教上门的态度很积极，对小A也抱有较大的希望，愿意与老师配合。亲戚对小A及其家庭的支持较多，但所在社区对其及家庭支持较少，亦没有来自社会公益组织等的资金和人员支持。

从小A的平等受教育权保障的角度来看，其得到的政府、学校和家庭的教育支持相对较好，社区支持情况一般。就小A得到教育的适宜程度来看，与其实际的教育需求还有较大差距。

二、个案二

1. 个人基本信息

小B，男，2012年1月生，二级智力残疾，持有残疾人证。

2. 家庭基本情况

（1）家庭成员情况

小B的父母于2016年离异，现跟爷爷、奶奶、爸爸生活在一起。爷爷患有肾积水，并于2018年上半年做肾切除手术，现无劳动能力。孩子主要由奶奶照顾和陪读。

（2）家庭收入

家庭经济困难，父亲在外务工，是家庭收入的主要来源。

3. 受教育基本情况

（1）就学形式

特殊教育学校学习。

（2）就学时间

小B在2017年9月开始进入学校学习，费用由国家贫困残疾儿童抢救性康复项目支付。

（3）小B的发展情况

① 感知运动：小B具备基本的站立、行走能力，上下楼梯方面需大人协助，身体的协调性和平衡能力较差。

② 语言与言语：小B无口语能力，也听不懂与日常生活相关的简单指令。

③ 自理能力：小B的生活自理能力较差，穿衣、洗漱、吃饭等均由奶奶包办。

④ 社会适应：小B缺乏与他人互动的意识和能力，在社会适应方面存在较大困难。

⑤ 学习能力：小B的语言理解和认知能力较差，无口语表达能力，听不懂教师的指令，尚不具备基本的学习适应能力。

（4）康复训练内容

根据小B的实际情况，老师主要训练其语言和言语能力、生活自理能力及社会交往能力。

4. 小B及家长对教育的态度

小B在语言、认知及社交互动方面均有较大的缺陷，难以听从老师的指令，不能配合教师完成相关教学任务。

小B的家长一开始对康复训练持消极态度，认为把孩子送到学校是为了减轻负担，丢掉包袱。通过沟通，奶奶慢慢地了解到康复训练对孩子的重要性，配合度比之前有所提高。

5. 小B家庭获得的社会支持情况

小B家庭为“建档立卡”贫困户，享受国家的“两免一补”政策、残联的“贫困残疾儿童抢救性康复项目”每年1.5万元资助、二级以上残疾每月60元生活补贴。小B不喜欢与除家人以外的任何人接触，与邻居相处较少，邻居也对他持嫌弃甚至视而不见的态度。小B所在社区对其及家庭支持也较少，亦没有来自社会公益组织等的资金和人员支持。

6. 总结与讨论

小B五岁开始进入当地特殊教育学校接受康复训练，和同样重度残疾的残疾儿童相比，入学比较早。小B家庭较为困难，得到了残联和地方教育行政部门的项目资助，小B的学费也由于国家项目支付，一定程度上保障了小B的受教育机会。

小B较早地进入特殊教育学校，接受的教育较为专业化与系统化，受教育的时间也较为稳定，康复训练主要是针对其语言和言语能力、生活自理能力及社会交往能力。

小B的家庭不完整，父母在小B四岁的时候离婚，小B跟随父亲生活，平时由奶奶照顾。家庭经济负担较重，还有一位生病的爷爷，唯一的经济来源是在外务工的父亲。家长对康复训练的态度一开始比较消极，之后随着小B的进步和教师的积极沟通，家长的态度逐渐好转，开始重视小B的康复训练并主动配合教师的工作。

从小B的平等受教育权保障的角度来看，其得到来自政府的教育支持相对较好，因为是留守残疾儿童，家长的支持也只有奶奶，社区支持情况一般。从适宜受教育权保障的角度来看，与其实际的教育需求还有较大差距。

三、个案三

1. 个人基本信息

小H，男，2008年出生，三级智力残疾，持有残疾人证。

2. 家庭基本情况

（1）家庭成员情况

父母长期在外务工，小H由爷爷奶奶照顾，主要陪读人是奶奶。

（2）家庭收入

家庭经济条件一般。

3. 受教育基本情况

（1）就学形式

2015年9月开始在县级教育局直管康复机构里接受康复训练。

（2）康复时间

在小H九岁时开始进入康复机构，一天1次，每次30分钟。

(3) 康复教育机构及教师情况

属于县级教育局直管康复机构，目前有教师20人。给小H进行康复的是一位普校转岗的教师，年龄28岁，拥有一级职称，有基本的特教专业知识。

(4) 小H的发展情况

① 感知运动：小H具备基本的身体移动能力，但肢体动作极度不协调，不能连贯完成简单的韵律操，只能做些简短的手指游戏。家长称孩子曾因癫痫发病做过脑部手术，手术后遗症严重影响孩子的智力发展。

② 语言与言语：小H语言能力较好，喜欢主动表达自己的想法，但说话经常会分不清场合和对象，对于老师的问话有时会答非所问，甚至产生不恰当的联想。小H的识字量也很丰富并能写一些简单的字，但较为复杂的读写需要辅助。

③ 自理能力：小H能自己吃饭、穿脱简单衣物及完成洗手、洗脸等简单的身体清洁，但在复杂的自理技能方面存在困难，需要大人的协助。

④ 社会适应：小H性格看似乖巧，实际脾气很犟，尤其表现在被别人纠正错误时，他会执着于自己的答案。在课堂上小H不能很好控制自己的言语和情绪，无论什么话想说就说，有时对于老师生气的表情反应迟钝，老师越生气他越兴奋，会莫名大笑不止。小H的注意力较差，很容易受外部环境影响，会被突然发出的声音所吸引，喜欢重复别人说的话或是模仿环境中的噪音。

(5) 康复训练内容

老师主要利用小H语言能力的优势帮助其记忆肢体动作，同时训练他的注意力、情绪管理及自理能力。

4. 小H及家长对教育的态度

小H的配合能力相对较好，在个训课上的总体表现较好，语言能力较突出，能做一些简单的手指操，但注意力依然不够集中，需要教师不断提醒。在集体课上，非常容易受干扰，对于老师布置的任务不能及时完成。

家长对于孩子的期望值较高，但又因为孩子的实际情况不能要求太多，对于教师所教学的大部分内容表示理解和支持，但小H在家里得不到有效的家庭训练，如果遇到长时间的假期，小H在学校习得的很多技能就会出现退化的现象，返校后也会表现出诸多行为问题。

5. 小H家庭获得的社会支持情况

小H家庭为“建档立卡”贫困户，享受国家的“两免一补”政策、残联的“贫困残疾儿童抢救性康复项目”每年1.2万元资助。除此之外，小H家庭可获得的其他社会支持较少。

6. 总结与讨论

2017年5月小H开始进入县级教育局直管的康复机构中接受康复教育，此时小H已经9岁了，和同龄儿童相比，入学晚了3年。小H家庭为“建档立卡”贫困户，得到了残联和地方教育行政部门的项目资助。

小H进入康复机构较晚，但接受的教育较为专业化与系统化，训练时间较为合理和稳定，一天一次，每次30分钟，较能满足小H的康复需求。给小H进行康复训练的是一位普校转岗的教师，拥有一级职称和基础的特教专业知识，训练内容主要包括肢体动作的记忆、注意力、情绪管理及生活自理。

小H的家庭完整，但父母常年在外务工，小H由爷爷奶奶照顾，作为留守残疾儿童，小H受到的父母关爱较少，平时主要陪读人是奶奶。家长对于孩子的期望值较高，对教师的教学也表示理解与支持，但家庭训练的效果较差，无法有效维持和泛化孩子在学校习得的技能。

从小H的平等受教育权保障的角度来看，其得到的政府、学校和家庭的教育支持相对较好，社区支持情况一般。就小H得到教育的适宜程度来看，与其实际的教育需求比较符合。

四、个案四

1. 个人基本信息

小Y，男，2006年出生，一级精神残疾，持有残疾人证。

2. 家庭基本情况

（1）家庭成员情况

小Y家庭完整，家中有父母、姐姐和奶奶。父母常年在外务工，姐姐在读高中，小Y的日常生活全部由奶奶照顾。

（2）家庭收入

父母打工，家庭年收入1万～3万元。

3. 受教育基本情况

（1）就学形式

送教上门。

（2）送教时间

对小Y的送教上门服务开始于2017年10月，每周1次，每次1小时。

（3）送教教师

小Y的送教上门工作主要由本村小学一位教师负责，该教师女性、36岁、小学二级职称，有爱心，但没有特殊教育经验，县特教学校的教师会定期对其进行指导。

（4）小Y的发展情况

① 感知运动：小Y有严重的癫痫病，发病频繁，在不发病时可以独自行走，喜欢爬高。

② 语言与言语：小Y的言语理解和表达均有问题，有需要时常常以拉奶奶手的方式表达，有时还会因无法及时表达如厕要求而尿裤子。

③ 自理能力：小Y无法独立穿衣、吃饭，均需奶奶帮助，且吃饭时咀嚼能力很差，经常直接吞咽。

④ 社会适应：小Y的社交互动能力和社会适应能力较差，只能与最亲的人进行简单交流，基本用哭来表达需求。

（5）送教内容

目前送教老师主要训练小Y的语言表达能力。

4. 小Y及家长对送教的态度

小Y的语言理解和表达能力很差，不能很好地配合和听从老师的指令，需要较多的协助，但情绪较为稳定，并不排斥老师的训练。小Y的家长非常感谢和支持送教上门服务，在送教过程中主要是奶奶陪伴孩子上课。

5. 小Y家庭获得的社会支持情况

小Y家庭为“建档立卡”贫困户，享受国家的“两免一补”政策，因年龄超过10岁，没有申请到残联的抢救性康复项目资助。除此之外，小Y家庭可获得的其他社会支持较少。

6. 总结与讨论

2017年10月开始接受送教上门时小Y已11周岁，和同龄儿童相比，接受教育晚了5年。小Y家庭较为困难，得到了地方教育行政部门的教育资助。

为小Y送教上门的教师是一位普校的教师，没有特殊教育经验和特殊教育专业化的知识，送教时间不稳定并且间隔较长，每次1小时左右。这远远达不到小Y的受教育需求，无法达到有效促进小Y发展的目的。送教的内容主要针对小Y的语言表达能力，但从小Y的实际能力来看，口语表达能力可发展的空间已经不大。

小Y的家庭完整，但家庭经济负担较重，小Y平时由奶奶照顾。家长对送教上门的态度很积极，对小Y也抱有较大的希望，愿意主动与老师交流小Y情况，在上课时家长也会陪伴。小Y所在社区对其及家庭支持较少，亦没有来自社会公益组织等的资金和人员支持。

从小Y的平等受教育权保障的角度来看，其得到的政府、学校和家庭的教育支持相对较好，社区支持情况一般。但就小Y得到教育的适宜程度来看，与其实际的教育需求还有较大差距。

五、个案五

1. 个人基本信息

小J，男，2009年出生，二级多重残疾，持有残疾人证。

2. 家庭基本情况

（1）家庭成员情况

家中有父亲、母亲、祖父、祖母。

（2）家庭收入

年收入低于5万元，是“建档立卡”的贫困户。

3. 受教育基本情况

（1）就学形式

送教上门。

（2）送教时间

给小J的送教上门开始于2018年3月，每两周送教1次，每次50分钟，一学期8～10次。

（3）送教教师

小J的送教上门工作由一名在校大学生负责，具有特殊教育专业背景，在该县特教学校实习支教。

（4）小J的发展情况

① 感知运动：小J的身体运动发育迟缓，感觉统合失调，下肢肌张力不均衡，剪刀步态严重，走路经常摔跤，口部肌张力低，经常流口水。

② 语言与言语：小J只能理解简单的语句，听指令的能力较差，几乎无口语能力，只会发出爸爸、妈妈、爹爹、奶奶等音，但发音不清晰，不会用语言表达欲求。

③ 自理能力：小J几乎没有任何生活自理能力，进食、穿衣、如厕及身体清洁均需别人代劳。

④ 社会适应：小J基本上在家或者在医院康复，社会适应能力很差。

（5）送教内容

根据小J实际情况，主要对其进行口肌训练、发声训练、简单认知训练及大肢体动作训练。

4. 小J及家长对送教的态度

小J接受教育较晚并且残疾程度较重，对于教师的教学与训练几乎没有主动配合的意识。小J家长对送教上门非常欢迎，积极配合。

5. 小J家庭获得的社会支持情况

小J家庭为“建档立卡”贫困户，享受国家的“两免一补”政策。小J所在社区对其及家庭支持较多，村里的助残扶贫组织会给他送来慰问品。邻居对小J持同情不排斥的态度，但是周围小朋友几乎不跟他玩。在亲戚中，小姨会经常来看望并帮忙照顾小J。

6. 总结与讨论

2018年3月开始接受送教上门时小J已9岁，和同龄儿童相比，入学晚了3年。小J家庭为“建档立卡”贫困户，得到了残联和地方教育行政部门的项目资助。

为小J送教上门的教师有特殊教育背景，但是没有丰富的特殊教育实践经验，是来自当地高校特殊教育专业的实习生。送教时间较为稳定但间隔较长，远远达不到有效促进小J发展的目的。送教的内容针对性较强，主要包括发声训练、上肢和下肢的动作训练、口部肌力训练及认知训练。

小J的家庭完整，家庭成员对小J较为关心。家庭经济负担较重。家长对送教上门的态度很积极，对小J也抱有较大的希望。小J所在社区对其及家庭支持较多，但是没有来自社会公益组织等的资金和人员支持。

从小J的平等受教育权保障的角度来看，其得到的政府、学校和家庭的教育支持相对较好，社会支持情况一般。但就小J得到教育的适宜程度来看，与其实际的教育需求还有较大差距。

六、个案六

1. 个人基本信息

小L，男，2005年出生，二级多重残疾，持有残疾人证。

2. 家庭基本情况

（1）家庭成员情况

家中有父亲、母亲、爷爷、奶奶。平时主要由爷爷奶奶照顾。

（2）家庭收入

年收入低于2万元，是“建档立卡”的贫困户。

3. 受教育基本情况

（1）就学形式

送教上门。

（2）送教时间

给小L的送教上门开始于2018年3月，每两周送教1次，每次35～50分钟，一学期8～10次。

（3）送教教师

小L的送教上门工作由一名在校大学生负责，有特殊教育专业背景，在该县特教学校实习支教。

（4）小L的发展情况

① 感知运动：小L的听力与视力正常，触觉较迟钝，身体运动发育正常。

② 语言与言语：小L的语言理解能力较差，但能够听从简单的指令；有口语能力，发音清晰，但自主语言少，也不会用语言表达欲求；除了能回答“是或不是”的简单问句外，只会重复问句。

③ 自理能力：小L有一定的生活自理能力，但是缺少训练，自己没有意识去穿衣、洗漱、保持身体清洁，需要祖父或祖母提醒。

④ 社会适应：小L的社会交往和沟通有障碍，几乎不和同龄伙伴接触，平时的情绪相对稳定，但有严重的自伤行为。

⑤ 学习能力：有一定的学习能力，在普通小学读到三年级，但是因为有一些自闭的表现，现辍学在家。

（5）送教内容

手部精细动作、生活自理、10以内数学运算、常用汉字书写、美术绘画与手工、分类、配对与指认。

4. 小L及家长对送教的态度

小L开始对送教没有意识，也不够配合，只有在给他送零食的时候才会表现出开心。教师用零食作为奖励后，小L配合程度越来越高。家长对送教上门非常欢迎，并且积极配合教师的工作。

5. 小L家庭获得的社会支持情况

小L家庭属于“建档立卡”贫困户，享受国家的“两免一补”政策。小L所处的社区对他比较关心，村里给小L家申请了低保，每月可领取低保金。小L家住在村子外围，周围没有邻居，所以也没有邻居帮助。

6. 总结与讨论

2018年3月开始接受送教上门时小L已13岁，因小L有几年在普校学习的经历，其接受送教上门的时间较晚。小L家庭为“建档立卡”贫困户，得到了残联和地方教育行政部门的项目资助。

为小L送教上门的教师有特殊教育背景，但是没有丰富的特殊教育实践经验。送教时间较为稳定但间隔较长，每次50分钟，较难满足小L的发展需要。送教的内容针对性较强，主要包括手部精细动作、生活自理、10以内数学运算、常用汉字书写、美术绘画与手工、分类、配对与指认等内容。

小L的家庭完整，家庭成员对小L较为关心，但家庭经济负担较重。家长对送教上门的态度很积极，对小L也抱有较大的希望。小L所在社区对其及家庭支持较多，村里为小L家申请了低保贫困户，但是没有来自社会公益组织等的资金和人员支持。

从小L的平等受教育权保障的角度来看，其得到的政府、学校、社会和家庭的教育支持相对较好。但就小L得到教育的适宜程度来看，与其实际的教育需求还有较大差距。

七、个案七

1. 个人基本信息

小P，男，2010年出生，三级智力残疾，持有残疾人证。

2. 家庭基本情况

（1）家庭成员情况

父母离异，小P跟随母亲生活，家里还有一个智力残疾的哥哥，平时主要由外公外婆照顾。

（2）家庭收入

母亲打工收入是家庭唯一的经济来源，家庭经济困难。

3. 受教育基本情况

（1）就学形式

特教学校就读。

（2）入学时间

2015年9月小P开始进入特教学校学习。

（3）小P的发展情况

① 感知运动：感知动作能力尚可，能够独立翻身、坐、站立和行走，会做简单的穿珠活动，可以独自上下楼梯，能够独自拿水杯喝水。

② 语言与言语：能够听懂大部分指令和简单对话，能发部分的音节，如：a、yi、er，平时沟通主要靠肢体动作来表达，如想喝饮料就拉着爷爷指向小店又指指自己的嘴巴。

③ 自理能力：不能自己穿衣、洗漱、如厕，但是有如厕意愿，多数时候可以自己拉下裤子。

④ 社会适应：几乎不怎么与同伴互动，平时喜欢自己一个人躲在卫生间玩水，喜欢玩沙，还特别喜欢听音乐，晚上跟外公睡觉要整晚地放音乐，即使睡着了也不能关，上大课时很难静坐，喜欢到处跑，但是个训时能坐三四十分钟，也比较配合教师的教学。

（4）康复训练内容

主要针对小P的口语表达能力进行训练。

4. 小P及家长对教育的态度

个训时做游戏或做手工时，小P能够配合教师，如穿珠、堆积木、涂色等，但是不愿意学习口舌操、发音、认读卡片等相关活动。家长对孩子的学习很支持，但较多地停留在口头上，平时不配合学校教师对学生进行辅助教学，也不会刻意去教学生生活技能、发音等。

5. 小P家庭获得的社会支持情况

小P的学费由残联民生工程项目资助，除学费外小P还享有政府发放的相应生活补助。小P所在社区对其及其家庭有所支持，残联领导定期进行慰问，邻居相处融洽。小P的外公经常帮忙照看他，亲戚对小P及其家庭的支持较多。

6. 总结与讨论

小P五岁开始进入当地特殊教育学校接受康复训练，和同样重度的残疾儿童相比，入学比较早。小P家庭较为困难，得到了残联和地方教育行政部门的项目资助，小P的学费也由国家项目支付，一定程度上保障了小P的受教育机会。

小P较早地进入特殊教育学校，接受的教育较为专业化与系统化，受教育的时间也较为稳定，主要对其进行发声训练。

小P的家庭不完整，父母离婚，小P跟随母亲生活，平时由外公外婆照顾。家庭经济负担较重，还有一位智力残疾的哥哥，唯一的经济来源便是母亲的工资。家长对小P的教育持积极的态度，但较多地停留在精神层面上，平时不配合学校进行家庭训练。小P所在社区对其及家庭有所支持，残联领导定期进行慰问，但没有来自社会公益组织的支持。

从小P的受教育权保障来看，整体情况相对较好。

八、个案八

1. 个人基本信息

小W，男，2013年出生，二级精神残疾（孤独症），持有残疾人证。

2. 家庭基本情况

（1）家庭成员情况

家中有爸爸、妈妈、姐姐。平时由妈妈和姐姐照顾，妈妈是主要陪读人。

（2）家庭收入

每月3000元左右。

3. 受教育基本情况

（1）就学形式

进入特殊教育学校就读。

（2）就学时间

小W在2017年4月开始进入特殊教育学校学习。学费每月2500元，享受国家“七彩梦”项目支持，个人每月支付1500元左右。

（3）小W的发展状况

① 感知运动：目光偶尔会追随教师，但注意持续时间短，站姿坐姿能保持平稳并且动作较灵活，弹跳等能力发展较差。

② 语言与言语：刚入学时无语言，只用肢体表示，语言理解能力也较差，现在能简单仿说部分叠音词、动词（如吃），对自己的名字有反应，可以指认常见生活物品，也能够理解一些简单的动作指令（如拍手、跺脚、眨眼睛等）。

③ 自理能力：不会用筷子夹食物，经常用手扒入口中；不知道表达如厕需求；穿衣能力较差，能自己脱裤子和袜子，但穿不上；自己能简单地用毛巾擦手，但不会用清水漱口。

④ 社会适应：看到陌生人会哭闹，不懂得与小朋友分享，只能用“好”回应别人的问候，偶尔打招呼时会和别人握握手，对于“不准”的指令执行得不是很好。

（4）教育内容

在感知觉方面主要提升他的视觉注视和视觉追视能力；在语言理解与表达方面，重点增强他对生活中常用的动词、形容词的理解与表达；在生活自理方面，老师要求家长让他多尝试自己的事情自己做，比如脱衣服、解扣子、小便时提脱裤子等；在社会情绪方面，主要训练其模仿能力，教导他表达和调节情绪。

4. 小W及家长对教育的态度

小W在开始接受训练时有各种哭闹，没有目光对视，现在能够安坐并配合老师的部分指令。由于是二胎的关系，妈妈有些过分宠溺和顺从孩子，所以家庭训练的效果很差，也会经常不经意间强化孩子的问题行为。

5. 小W家庭获得的社会支持情况

小W获得中国残疾人联合会“七彩梦”康复救助项目支持，每年1.2万元。小W家附近社区的爱心志愿者团队定期来看望并捐款。市自闭症协会经常给予教具和生活物资方面的救助。小W的家庭与邻居相处和睦，邻居有时会给小W买些东西，小W的小姨偶尔能帮忙照顾。

6. 总结与讨论

小W四岁开始进入当地特殊教育学校进行学习康复，和同样重度的残疾儿童相比，入学比较早。小W家庭较为困难，得到了残联和地方教育行政部门的项目资助，每年1.2万元。

小W较早地进入特殊教育学校，接受的教育较为专业化与系统化，受教育的时间也较为稳定。小W的家庭完整，家人对他较为宠溺，家长对小W的教育持积极的态度，但教育方法不够恰当。小W所在社区对其及其家庭支持较多，爱心志愿者团队定期来看望并捐款，亲戚也提供较多支持。

从小W的受教育权保障来看，其得到的支持较为全面，目前整体状况较好。

九、个案九

1. 个人基本信息

小D，男，2005年出生，二级肢体残疾（脑瘫），持有残疾人证。

2. 家庭基本情况

（1）家庭成员情况

小D与爷爷、奶奶、爸爸、妈妈还有哥哥生活在一起，小D的日常生活主要由母亲照顾。

（2）家庭收入

家庭收入主要来自于爸爸外出打工，每月3000元左右。

3. 受教育基本情况

（1）就学形式

送教上门。

（2）送教时间

给小D的送教上门开始于2015年9月，每周送教上门1次，每次1小时。

（3）送教教师

送教工作由一位普校教师负责，女性，31岁，小学二级职称，参加过县特教学校组织的资源教师短期培训，并积极自学特殊教育专业知识。

（4）小D的发展情况

① 感知运动：小D是重度脑瘫，不能独立行走，手眼协调和视动统整能力也较差。

② 语言与言语：小D的语言理解能力较好，也有一定的口语表达能力，但是口齿不清，说话时需要放慢语速，别人才能听懂他讲什么。

③ 自理能力：小D可以自己穿脱夏季的简单衣物，基本上可以自己完成洗脸、洗手、刷牙等简单的身体清洁，但速度较慢；如厕不能自己解决，需要大人协助。

④ 社会适应：小D简单的日常沟通没有太大问题，愿意交朋友，但交往能力一般；比较听大人的话，也会遵守规则；情绪表达与控制较好。

（5）送教内容

主要是知识教学，具体为三年级的语文、数学、英语书本上的内容。

4. 小D与家长对送教的态度

小D很喜欢送教上门的教师，配合度很高。家长对送教上门很欢迎，也很尊重送教上门的教师，但是不愿意让孩子出门，生怕孩子被人嘲笑。

5. 小D家庭获得的社会支持情况

小D家庭享有政府给予的生活补助，每月400元。小D家所处的社区也给小D一定的帮助，给小D买了一个轮椅。小D家与邻居相处也较为和谐。小D的亲人对小D都有很关心，平时经常帮助照顾小D。

6. 总结与讨论

2015年9月开始接受送教上门时小D已11岁，比同龄人接受教育晚了5年。小D家庭为“建档立卡”贫困户，得到了残联和地方教育行政部门的项目资助。

为小D送教上门的教师是普校教师，但是接受过特殊教育专业知识的培训，对特殊教育有一定的了解。送教时间较为稳定，送教时间比较多，但送教的内容针对性不够强，主要还是以学科知识为主，尚未能涉及运动、言语康复等方面。

小D的家庭完整，家庭成员对小D较为关心。家长对送教上门的态度很积极，对小D也抱有较大的希望，但是由于家长害怕小D被嘲笑，不愿意让小D出门，这不利于小D的成长。小D所在社区对其及家庭支持较多，但是没有来自社会公益组织等的资金和人员支持。

从小D的平等受教育权保障的角度来看，其得到的政府、学校和家庭的教育支持相对较好，社区支持情况一般。就小D的适宜受教育权保障来看，还有较大差距。

十、个案十

1. 个人基本信息

小Q，男，2003年出生，一级智力残疾并且伴有精神残疾，持有残疾人证。

2. 家庭基本情况

（1）家庭成员情况

小Q母亲为脑瘫，小Q在5岁左右开始出现异常表现，之后家人并未积极开展康复救治。小Q14岁时，母亲因病去世，父亲离开，小Q和弟弟现在由年迈并患有严重心脏病的外祖父照顾。

（2）家庭收入

该家庭为贫困户，无经济来源，政府扶持老人承接了光伏发电项目和养鸡项目。小Q的姨妈、舅舅也会在经济上给予一些支持。

3. 受教育基本情况

（1）就学形式

送教上门。

（2）送教时间

给小Q的送教上门开始于2017年3月，每月送教1次，每次50分钟。

（3）送教教师

小Q的送教上门工作由四位教师负责，四位教师均来自特殊教育学校，且全部为女性。专业情况为：A，幼教专业，38岁，中级职称；B，护理专业，43岁，无职称；C，初中语文专业，38岁，初级职称；D，特殊教育专业，35岁，中级职称。

（4）小Q的发展情况

① 感知运动：运动能力较好。

② 语言与言语：语言理解和表达能力都较差。

③ 自理能力：无生活自理能力，不会如厕，随地大小便。

④ 社会适应：由于小Q一直被铁链栓住，已丧失了基本的社交功能。对外界事物无任何明显反应，社交能力也基本为零，不能听指令，也不能提要求。

⑤ 学习能力：学习能力十分差，缺乏主动意愿。

（5）送教内容

主要是送温暖，给孩子送一些食物，并喂给他吃，期待他有所反馈，但效果较差。

4. 小Q及家长对送教的态度

小Q对送教没有明显的认知，也无法配合。小Q家长对老师每次的到来都很热情，愿意主动与老师交流孩子在家情况，在送教过程中也体会到了学校以及老师对孩子的关心，非常配合老师的工作。但小Q外祖父因自身身体和年龄原因，已丧失了对小Q的期望。

5. 小Q家庭获得的社会支持情况

小Q家庭为“建档立卡”贫困户，得到政府的民生工程救助。小Q所在的社区同情小Q，但是也帮不上什么忙。周围的邻居对其报以无视的态度。小Q大外婆和姨妈经常来帮忙照顾。

6. 总结与讨论

2017年3月开始接受送教上门时小Q已经14岁，接受送教时间较晚。小Q家庭为“建档立卡”贫困户，得到了残联和地方教育行政部门的项目资助。

为小Q送教上门的教师均有一定的特殊教育专业知识，并且根据小Q的特殊情况，安排了护理专业的送教上门教师。送教时间较为稳定但间隔较长，每月1次，每次50分钟，一学期仅仅四次送教上门，这对小Q的发展是没有多大作用的。送教的内容主要送温暖，给孩子送一些食物，并喂给他吃，这样的内容仅仅是想激发小Q的反应，但是效果较差。

小Q的家庭不完整，母亲去世后，父亲也离开了，小Q和弟弟依靠年迈并且患有严重心脏病的外祖父照顾，外祖父因自身原因也无法更好地照顾小Q，只能将他锁在屋里。家里没有经济来源，仅靠政府救济和爱心捐款。小Q外祖父因自身身体和年龄原因，已丧失了对小Q的期望。小Q所在社区对其及家庭支持较少，仅仅表示同情，亦没有来自社会公益组织等的资金和人员支持。

对于小Q以及和他一样接受送教时间较晚的农村残疾儿童而言，送教对他们的发展促进意义已经不大，到15岁义务教育结束，这些孩子将不再接受送教上门。他们获得的教育支持十分有限，很难满足其实际需求。

第二节　特殊教育学校个案:Y县特殊教育学校

一、学校基本情况

（一）学校环境

Y县位于大别山腹地，皖西南边陲，是革命老区，也是国家级贫困县，素有“八山一水半分田，半分道路和庄园”之说。Y县特殊教育学校位于该县响肠镇金山村三弯组，距离县城大约3千米，交通比较方便。

（二）学校性质

Y县特殊教育学校是一所民办非企业单位（民办公助）。主要承担该县的残疾儿童学前教育康复、残疾儿童义务教育工作；同时承担残疾儿童家庭养育指导，以及为该县城区及乡镇残疾儿童提供特殊教育相关服务。

（三）经费来源

由于该县尚无公办特殊教育学校，该县教育局按在该校接受义务教育的残疾儿童数量拨付生均公共教育经费；在该校接受学前康复的幼儿由残联的民生工程项目资金给予支持；除了政府的经费支持外，该校还能得到来自企业、个人和社会公益组织等的爱心援助。具体来源包括县镇政府各部门单位定期或不定期的献爱心活动；社会组织（如壹基金公益组织、中华儿慈会银河小水滴、腾讯公益9958项目等）捐助；该县民间组织及爱心企业捐助（如映山红爱心协会、义工联盟、安源消防等）资助。从经费来源看，可分为固定经费和非固定经费两种，固定经费包括政府的教育经费和残联的专项资金，其他的为非固定经费，如助残日申请政府的补助资金，企业、个人赞助，等等。

二、学校办学条件

Y县总人口41.2万，据全国人口抽样调查，Y县0～6岁残疾儿童有150人左右，学龄期残疾儿童约220人。2015年前，该县没有特殊教育学校。2015年9月该校由社会人士创办成立，得到了该县政府的大力支持，校舍由政府无偿提供，由当地村委会原办公场所改建而成，学校占地面积约2065平方米。

（一）教学设施

由于是民办学校，资金投入比较有限，办学条件较差，教学条件还很不完备。学校内除普通班级教室（语文、数学、音乐、美术、手工及个训科目混用）外，专门教室仅设有感统教室和微机室，亦无规范的运动场地。

（二）师资队伍

该校教师队伍分常规任课教师和志愿教师，其中常规任课教师8人，志愿教师1人，均无特殊教育和康复背景。由于是私立学校，无法解决教师的编制和职称问题，教师队伍极不稳定，离职率很高，教师数量和质量都无法保证顺利开展教学工作。

三、课程设置

当前学校内有学龄培智班2个、孤独症康复班1个和学前智力康复班1个。学龄培智班课程设置主要包括生活语文、生活数学、生活技能、美术辅疗、音乐辅疗、手工制作、体育、安全健康教育等。孤独症康复班和学前智力康复班课程主要包括认知训练、感统训练、生活技能、美术辅疗、音乐辅疗、手工制作、体育、安全健康教育等。

四、学生情况

该校成立初期仅有十几个学生，截至2017年，学生人数达到57人，全部为农村户籍。其中女生21人，男生36人。0～6岁学生有9人，7～12岁学生有30人，13～18岁学生有16人，19～22岁有2人。学生的残疾类型主要有精神残疾（自闭症）、智力残疾、多重残疾、肢体残疾（脑瘫）、听力残疾等。其中自闭症11人、智力残疾36人、多重残疾3人、肢体残疾3人、脑瘫2人、听力残疾1人、精神障碍1人。学生均来自于农村，其中贫困户家庭26人、低保户家庭27人。

五、家长情况

全部在校学生均由至少一名家长陪读。家长承担了学校的一部分管理工作，主要是负责学生的安全及学校的卫生，并承担门卫处轮流值班的任务。

大部分家长对孩子学习抱有很大的期望，他们希望孩子习得生活技能同时也能掌握一定的文化知识，如读写能力和计算能力，也有一小部分的家长对孩子的学习采取放任的态度，并不特别关心孩子在校的学习内容和学习态度。

家长对学校整体持肯定的态度，虽然大多数家长对学校的师资设备等配备不足和教师流动频繁有很大的意见，但仍对这所学校能接收自己的孩子就读非常珍惜。主要是因为Y县只有一所特教学校，并且孩子外出康复的时间和金钱都花费巨大，大部分家庭要么是承担不起，要么是因为工作生活不方便外出，本土学校近又不收学费，对很多家庭来说是一个相对可行的选择，还有一部分学生上该特教学校之前长期在家，因为普通学校不愿意接收或者因在普通学校遭到歧视而辍学，该特殊教育学校给了他们一个学习知识、技能和与同龄人相处的机会，所以这部分学生的家长对学习持感激的态度。

六、社会支持

社会对Y县特殊教育学校呈支持的态度，主要表现在经费支持上，有社会组织（如壹基金公益组织、中华儿慈会银河小水滴、腾讯公益9958项目等）捐助和该县民间组织及爱心企业（如映山红爱心协会、义工联盟、安源消防等）资助。

七、总结与讨论

Y县人口有41.2万，且作为国家级贫困县，残疾儿童比例较高，全国人口抽样调查显示，Y县0～6岁残疾儿童有150人左右，学龄期残疾儿童约220人。按照我国“十一五”期间中、西部地区特殊教育学校建设规划（2008—2010年）提出的“在30万人口以上、残疾儿童较多的县建一所特殊教育学校”的目标，Y县应建有一所特殊教育学校，且应该为由政府出资建设公办的特教学校。《国家中长期教育改革和发展规划纲要（2010—2020年）》中提出各级政府要加快发展特殊教育，把特殊教育事业纳入当地经济社会发展规划，而Y县的特教发展还较多地依靠私人和社会不稳定的力量支持，特教学校办学条件简陋、师资无法保障、管理不规范、缺少行政监管等问题突出，在这样的背景下，在该特教学校就读的农村特殊儿童受教育权保障不足成为必然，且短时间内该问题很难得到根本性的解决。

（一）经费方面的问题

当前该特殊教育学校主要经费来源为地方教育局下拨的义务教育阶段学生的生均公共教育经费和残联下拨的残疾儿童抢救性康复项目经费，缺少公办学校应有的专项建设经费等。社会捐赠资金部分不固定，也不稳定，导致学校的各方面建设严重不达标，直接影响了办学人的办学热情。

（二）师资方面问题

首先，该特殊教育学校的常规任课教师最多时有8人，但教师离职率很高，承担教学任务的师资力量严重不足。其次，这些教师均无特殊教育、教育康复等教育背景，针对特殊儿童的康复和教育均缺少经验。此外，该特殊教育学校教师的流动性较大，基本上每学期换一次教师，甚至每月换一次教师。

（三）课程方面问题

当前该特殊教育学校内仅有培智班、孤独症康复班、小龄智康班，课程设置较少且专业化较弱，没有真正开展个别化教育。

（四）管理方面问题

首先，Y县特殊教育学校是一所民办学校，虽然政府有所支持，但基本停留在经费上的支持，教育主管部门较少参与管理，并没有将此校纳入当地经济社会发展规划而建立完善的管理机制。其次，在管理的专业性上有所缺乏，校长负责制下的Y县特殊教育学校，管理上很大部分是由校长负责的，但该校的校长并非特教专业出身，在特教教学和管理方面缺少经验。

（五）校园建设方面的问题

该校当前坐落于废弃的村委会旧房里，教室条件简陋，且除感统教室外再无其他功能教室；室外没有跑道和环形跑道田径场地；在生活用房方面仅有食堂和学生厕所，其中食堂是师生共用。而《特殊教育学校建设标准》要求校园要按教学、体育运动、生活等不同功能进行分区，各功能区之间方便联系、互不干扰。要有公共活动及康复用房，其中包括图书阅览室、多功能活动室、电教器材室、体育康复训练室、体育器材室。培智学校应设感觉统合训练室、心理咨询室、卫生保健室等。该校校园设施及教学条件与《特殊教育学校建设标准》的要求相差巨大。

Y县特殊教育学校的创办，使该县残疾儿童有了接受教育的场所，对残疾儿童，尤其是农村残疾儿童来说，解决了他们入学机会的问题，但由于经费缺乏、管理不健全等原因，该校无论在硬件设施还是软件师资等方面都远远达不到特教学校办学标准，无法满足农村残疾儿童接受有质量的教育的需求。在该校就读的农村残疾儿童的适宜受教育权在短期内很难得到有效保障。

第三节 随班就读学校个案:A市十里中心学校

一、学校基本情况

（一）学校地址

A市十里中心学校地处城市与农村的结合部，原为A市郊区十里铺中心小学，始建于1950年。为适应城市经济社会发展的大格局，根据A市新城发展的总体规划，学校于2012年9月整体搬迁至新城政务新区中心地带。

（二）学校性质

十里中心学校是一所地处乡镇的公立小学。学校先后荣获全国“红领巾数字图书馆示范学校”、省教育科学“十二五”规划课题研究单位、省未成年人思想道德建设示范学校、市级英语教学模式推广单位、市优秀安全文明校园、市优秀教工之家、市“红领巾”示范学校、市创新实验学校、区文明标兵单位、区示范学校、区平安校园、区“一校一品”（经典诵读）特色学校、区教育教学研究先进单位等称号。

二、学校办学条件

（一）学校环境设施

目前该校已经完成占地18.18亩新校区一期小学部工程建设，建成2354平方米的办公楼1幢、2542平方米教学楼1幢，3000平方米运动场及1125平方米绿化工程。同时，学校各种软硬件设施都按标准化建设的要求配置，建成班班通教室12间，电子白板多功能教室1间；建有音乐室、舞蹈室、美术室、图书室、阅览室、网络教室、留守儿童之家（集善之家、大队室）、体育室、广播室、网管室、计算机教室、科学实验室等功能室；添置了现代化的校园广播系统、监控系统及学生课桌椅、教师办公家具等设施设备；购置有9800余册图书、65台电脑及齐全的音乐、美术及体育器材。此外，还进行了校园绿化、教育教学附属设施及配电工程建设。400米跑道的标准运动场和二期校区建设工程正在规划设计中。但目前该校尚无资源教室，亦无建设资源教室的计划。

（二）教师队伍

目前，学校有12个教学班，教职工37人，专任教师37人，小学高级及以上职称专任教师23人，小学一级教师12人，小学二级教师2人，取得大专学历及以上学历29人，教师学历合格率达100%，专业结构配置基本合理。目前无特殊教育专业背景教师，亦没有教师接受过融合教育（随班就读）培训，没有配备资源教师。

三、学生情况

学校现有在校生477人，其中流动儿童210人、留守儿童50人、随班就读残疾儿童6人、送教上门12人。随班就读的残疾儿童类型主要为智力残疾、肢体残疾和言语语言残疾。送教上门的主要为重度智力残疾、肢体残疾及多重残疾。

因学区内有一所福利院，自20世纪90年代以来，该校每年有随班就读残疾学生5～10人，从2017年开始，承担学区内重度残疾儿童的送教上门任务。

四、课程与教学

（一）一般课程与教学

按照国家义务教育课程计划设置课程，没有针对随班就读残疾儿童进行课程和教学调整。

（二）特色课程与教学

该校自主研发校本课程，开设了阳光课堂，课程内容丰富多彩，包括园艺、养殖、演奏、武术等20多门，孩子们可以根据自己的兴趣爱好和特长选择一门课程。残疾儿童在老师和志愿者的帮助下，在阳光课堂中找到了快乐，他们有的选择喂养兔子，有的选择了中国功夫，有的选择了手工制作。在活动中残疾儿童不仅学到了知识，也增强了自信心。

五、家长情况

（一）普通儿童家长

对于该校普通儿童家长的随机访问发现，自己孩子班上没有残疾儿童的家长对在该校随班就读的残疾儿童持包容态度，自己孩子班上有残疾儿童的家长则大多表现出担心和排斥。

（二）残疾儿童家长

在该校随班就读的残疾儿童家长也呈现两种态度：一种是对孩子抱有较高期望，家长积极配合学校教育，但过度焦虑，对孩子的未来非常担心。另一种是对孩子的状态呈冷漠的态度，回避和学校合作，对孩子的学习情况不关心，甚至不闻不问。笔者访谈了该校一位残疾儿童家长，相关问题与记录整理如下：

问题1：您孩子的身体情况如何？

家长：是肢体残疾。女儿从出生一岁两个月就发现不对劲，家人都说没问题，还骂我脑子有问题，在孩子看病的过程中都是我在要求，一岁半脊髓肿瘤手术，恶性的三至四期，爷爷当时就打电话说怕人财两空，最后也没有放化疗就回家了，后来老是走不了路，也是我要求做支具，带孩子继续看，在四岁时做的双髋截骨手术，那么大的手术他们就是不同意去上海做，说家门口方便（把上海的医生请过来），结果术后七个月钢板断裂置换，伤口腐烂，窦道……真的孩子受的苦常人无法想象。

问题2：您孩子目前在学校情况如何？

家长：孩子在普通学校接受教育，有时从学校回来哭着跟我说，别人用不一样的眼光看她，甚至有同学取笑她，叫她瘸子，她很难过。我告诉她那些同学都是没有礼貌的人，然后要告诉老师，可是尽管这样也抹不平她受到的伤害。

问题3：您对孩子的态度和期望如何？

家长：我自己承受的东西太多了，在人面前呈现坚强，其实自己真的装不下了，有时候我会控制不住自己把压力发泄到孩子身上，过后我又开始后悔，我知道孩子没有任何的错误，但我又控制不住自己，我感觉自己就是一个矛盾体。我知道我女儿也承受了很多伤害，她很依赖我，我就想她将来能自信、自立，有个稳定的工作。

六、社会支持

该校由于留守儿童和流动儿童比例高达半数，得到了各级政府的高度重视，将关爱工作列入民生工程，并且投入大量资金建设关爱阵地及设施。2012年团中央“集善之家”项目落户十里中心学校并积极开展工作。学校“集善之家”以老师志愿者、社会志愿者及“五老”（老专家、老模范、老教师、老战士、老领导）人员为主要力量，为流动（留守）儿童长期开展关爱活动。在这一背景下，在该校随班就读的残疾儿童得到了同样甚至更多的关爱。

七、总结与讨论

随班就读是我国残疾儿童教育安置的重要形式之一，是我国特殊教育体系的主要组成部分，是国际融合教育理念与我国特殊教育实践有机结合的产物，也是我国普通教育深化改革、促进教育公平的重要举措。随班就读对象是所有能适应普通学校学习的视力残疾、听力残疾、言语残疾、肢体残疾（包括脑瘫）、智力残疾、精神残疾（包括孤独症）、多重残疾儿童。十里中心学校按照教育行政部门的要求接收残疾儿童随班就读，并对辖区内未入学残疾儿童进行送教上门，基本保障了学区内残疾儿童“有学上”，但在“上好学”方面还有很大差距。

（一）随班就读经费保障不足

《残疾人随班就读工作管理办法》（2011年修订）要求国家和各级教育行政部门要采取措施，满足残疾人随班就读经费的需求，根据需要逐年增加对随班就读学校或幼儿园的经费投入。省、市（地）级教育行政部门在设立的特殊教育专项资金中要划拨一定比例经费用于随班就读工作。参照本地特殊教育学校的生均公用经费标准制定随班就读的生均经费标准，保障本地区随班就读工作的经费需求。通过与校长的深度交流了解到，十里中心学校随班就读的残疾学生中，有残疾人证的按特殊教育学校生均公用经费拨款，没有残疾人证的按普通学生经费划拨，学校一直未得到特殊教育专项资金支持。因此该校在师资培训、教学研究等方面都没有安排专门针对随班就读工作的内容。学校无障碍环境建设方面也尚未起步。

（二）特殊教育专业师资缺乏

《残疾人随班就读工作管理办法》（2011年修订）要求义务教育阶段随班就读师资队伍包括班主任教师、任课教师、资源教师和巡回指导教师。班主任教师要遴选热爱残疾学生、有奉献精神、有管理能力的教师担任。随班就读任课教师应当有一定的教学经验，掌握随班就读的基本教学原则和方法，并具备基本的特殊教育基础知识和技能。十里中心学校目前每班40人左右，残疾儿童随班最多一班两个，大多数是一班一个。对于班主任的选择，校长表示一般会选择有多年教学经验和有爱心的教师。在与班主任的沟通中，笔者了解到，班主任大都表示希望可以帮到随班就读或送教上门的孩子，但是他们对特殊儿童缺乏了解，并且没有接受过随班就读或送教上门方面的培训，也不知道从哪些渠道获取相关知识。另外，由于班额较大，日常管理和教学几乎消耗了老师的全部精力，使其没有额外的时间和精力去研究残疾儿童的教育教学。老师们表示对于随班就读的残疾儿童，他们能做到的仅仅是保证这些孩子不会干扰正常的上课秩序，对于送教上门的重度残疾儿童，他们完全不知道如何提供专业康复训练。因此，随班就读实际上就是“随班就坐”，送教上门仅仅是送温暖，无法满足残疾儿童接受适宜的高质量教育的需求。

（三）资源教室尚为空白

《残疾人随班就读工作管理办法》（2011年修订）要求在随班就读学生人数较多的普通中小学设立资源教室，安排专职或兼职的资源教师，配备适当的教具、学具、康复训练设备（器材）和图书资料等，为随班就读学生得到针对性辅导和训练创设必要的条件。而十里中心学校作为典型的随班就读儿童较多的学校，目前并没有资源教室、资源教师配置，这对随班就读和送教上门工作的开展十分不利。

（四）教育行政部门的管理和指导缺位

《残疾人随班就读工作管理办法》（2011年修订）要求各级教研部门应配备专职或兼职的特殊教育教科研人员，不断加强对随班就读的课程设置、教材选用、教学方法、教学评价等方面的研究，探索各类随班就读学生在不同年龄阶段的教育教学模式，提高随班就读的教育教学质量。十里中心学校校长表示，多年来，地方教育行政部门较少开展关于随班就读工作的专项检查和督导，亦没有开展过专门针对随班就读的师资培训和教研活动。行政部门对于随班就读和送教上门工作还处于布置任务的阶段，对于落实情况的检查仅限于文字或口头的汇报，专业化的指导还谈不上。

综合来看，十里中心学校作为一所农村学校，基本能够代表农村学校开展随班就读工作的一般情况。可见，尽管随班就读的农村残疾儿童的入学机会得到了保障，但其接受适宜教育的权利缺损仍非常严重，要改变随班就读残疾儿童“随班就座”“随班混读”的状态，还需要国家、社会、学校、家庭等各方的不断努力。

附　　录

附录 1　特殊教育学校情况调查表

2008—2017 年特殊教育学校学生信息统计表

年份	学段	在校人数	性别		户籍类型		障碍类型							班级数
			男	女	农业	非农业	视力	听力	言语	肢体	智力	精神	多重	
2008	学前													
	义务													
	高中													
	职业													
2009	学前													
	义务													
	高中													
	职业													
2010	学前													
	义务													
	高中													
	职业													
2011	学前													
	义务													
	高中													
	职业													

续表

年份	学段	在校人数	性别		户籍类型		障碍类型							班级数
			男	女	农业	非农业	视力	听力	言语	肢体	智力	精神	多重	
2012	学前													
	义务													
	高中													
	职业													
2013	学前													
	义务													
	高中													
	职业													
2014	学前													
	义务													
	高中													
	职业													
2015	学前													
	义务													
	高中													
	职业													
2016	学前													
	义务													
	高中													
	职业													
2017	学前													
	义务													
	高中													
	职业													

2008—2017年特殊教育学校教师信息统计表

年份	教师数	性别		学历				所学专业			培训		职称						流动	
		男	女	研究生	本科	专科	高中及以下	特教	康复	其他	非特教	特教	未评职称	小学三级	小学二级	小学一级	小学高级	中学高级	流入	流出
2008																				
2009																				
2010																				
2011																				
2012																				
2013																				
2014																				
2015																				
2016																				
2017																				

2008—2017年特殊教育学校基本信息统计表

年份	校舍面积（平方米）	生均经费（元）	送教上门学生数（人）	无障碍设施		资源教室	
				完善	不完善	有	无
2008							
2009							
2010							
2011							
2012							
2013							
2014							
2015							
2016							
2017							

附录2 关于随班就读情况的校长问卷

您好！为了了解普通小学随班就读学生的情况，特制定此问卷，恳请您帮忙填写。本问卷实行匿名制，所有数据只用于学术研究，请您根据实际情况放心填写。非常感谢您的支持！谢谢！

注：随班就读是指残疾儿童在普通学校接受教育。资源教室是指在普通学校建立的集课程、教材、学具、教具、康复器材和辅助技术于一体的专用教室。资源教师是指负责对特殊儿童进行个别辅导、补救教学，对普通班学生和家长提供咨询与支持服务的教师。巡回指导教师是指以巡回教学的方式对一个地区的若干学校、家庭、医院中的残疾儿童进行定期或专项辅导的教师。

1．性别 [单选题] *

○男 ○女

2．年龄 [单选题] *

○30岁及以下 ○31～40岁 ○41～50岁 ○50岁以上

3．教龄 [单选题] *

○5年以下 ○5～10年 ○11～20年 ○20年以上

4．最后学历 [单选题] *

○大专及以下 ○大学本科 ○硕士及以上

5．所教学科 [单选题] *

○数学 ○语文 ○其他

6．职称 [单选题] *

○无职称 ○初级职称 ○中级职称 ○高级职称

7．职务 [单选题] *

○校长 ○副校长

8．所教年级 [单选题] *

○1～2年级 ○3～4年级 ○5～6年级 ○无教学任务

9．请选择省份城市与地区：[填空题] *

____

10．贵校目前共有随班就读学生人数为 [单选题] *

○0人 ○1～3人 ○4～5人 ○5人以上

11．贵校随班就读学生的残疾类型有（可多选）[多选题] *

□视力残疾 □听力残疾 □肢体残疾（包括脑瘫） □智力残疾 □言语残疾

□精神残疾（包括孤独症）　□多重残疾　□其他

12. 贵校随班就读学生的班级安置人数为[单选题]*

○每班0人　○每班1～2人　○每班3人　○每班4～5人

13. 贵校为随班就读学生建立个人教育档案的情况为[单选题]*

○无　○有档案，内容不全　○有档案，内容全面

14. 贵校资源教室的情况为[单选题]*

○有　○无

15. 贵校资源教师的情况为[单选题]*

○有，专职　○有，兼职　○没有

16. 您是否接触过随班就读学生[单选题]*

○是　○否

17. 贵校是否接收过随班就读学生？[单选题]*

○是　○否

18. 您认为随班就读学生在普通小学应如何安置？[单选题]*

○分配至普通班级　○组建特殊班级　○成立资源教室　○不进入普通小学较好

19. 您认为将残疾儿童编入普通班级随班就读的形式合理吗？[单选题]*

○很合理　○比较合理　○不太合理　○完全不应该有此形式

20. 您认为班级里有随班就读的学生会（可多选）[多选题]*

□不利于班级里其他学生健康成长

□有利于班级里其他学生健康成长

□不利于建立团结向上的班集体，会有歧视现象出现

□有利于建立团结向上的班集体，有助于同学们互助精神培养

□影响班级整体学习风气

□影响班级成绩的整体水平

□耽误其他学生

21. 您接收随班就读学生的原因可能是（可多选）[多选题]*

□基于受教育机会均等　□当地政府的要求　□教育主管部门要求

□其他学校不接收　□喜欢孩子　□孩子太可怜　□不会/没有考虑太多

22. 您接收随班就读学生时，要求[多选题]*

□符合当地制定的随班就读标准　□有转衔手续　□对其身体鉴定合格

□符合学校规定　□没有过多要求　□不知道应要求什么

□其他 ________________

23. 您认为什么样的学生可以进行随班就读？（可多选）[多选题]*

□没要求 □能生活自理 □学习成绩与同级学生差距不大

□不能影响班级整体层次水平 □其他 ____________

24．您认为随班就读学生入学时应考虑的因素有（可多选）［多选题］*

□家长或监护人意见 □年龄及障碍程度 □学习能力与学习习惯

□交往能力 □家庭住址、经济条件等 □其他 ____________

25．您是否赞成特殊儿童随班就读？［单选题］*

○赞成 ○不赞成 ○不知道 ○无所谓

26．您是否赞成设立资源教室及配备资源老师？［单选题］*

○赞成 ○不赞成 ○不知道 ○无所谓

27．您认为残疾儿童最好的教育安置形式是什么？［单选题］*

○特殊学校 ○普通学校 ○个别教育 ○家庭教养

28．如果贵校有随班就读学生，您能处理好普通学生与残疾学生的关系吗？［单选题］*

○能 ○不能 ○不确定

29．贵校是否有教师参加过随班就读专向培训或有关特殊教育知识技能的培训？［单选题］*

○是 ○否

30．您认为学校是否需要针对随班就读学生的特点和需求因材施教，提供特殊课程和教科书，配备专门的教学与训练设备，实施个别化教育？［单选题］*

○需要 ○不需要 ○不知道 ○无所谓

31．您认为学校是否应该将承担随班就读任务的普通教育教师工作量纳入教师岗位绩效考核指标？［单选题］*

○应该 ○不应该 ○不知道 ○无所谓

32．您觉得随班就读教师是否应该与当地特殊教育学校教师享有同等待遇，并在评优、评先、职称评定等方面予以优先考虑？［单选题］*

○应该 ○不应该 ○不知道 ○无所谓

33．对于随班就读，您是如何理解的？（请从教育安置、教学方法、教学组织形式等方面谈谈您的看法，也可谈谈对于随班就读的意见或建议。）［填空题］*

____

34．学校有将随班就读工作纳入学校的整体工作日程，统一规划和管理，指定专人负责，给予全面保障。［单选题］*

○完全不符合 ○不太符合 ○基本符合 ○比较符合 ○完全符合

35．学校积极创建尊重、宽容和友爱的校园环境和氛围，形成普通学生与残疾

学生相互尊重、共同成长的良好校风和班风。[单选题]*

○完全不符合 ○不太符合 ○基本符合 ○比较符合 ○完全符合

36．学校的教育教学无障碍设施和无障碍校园环境建设完善。[单选题]*

○完全不符合 ○不太符合 ○基本符合 ○比较符合 ○完全符合

37．学校根据随班就读学生的身心特点和特殊需求，为其制定和实施个别化教育计划。[单选题]*

○完全不符合 ○不太符合 ○基本符合 ○比较符合 ○完全符合

38．学校针对随班就读学生的特殊教育需要，设置适合其需要的特殊课程。[单选题]*

○完全不符合 ○不太符合 ○基本符合 ○比较符合 ○完全符合

39．学校根据随班就读学生的情况，配备适合需要的教科书（如盲文版、大字版等教科书）等。[单选题]*

○完全不符合 ○不太符合 ○基本符合 ○比较符合 ○完全符合

40．学校随班就读教师在教学目标的设置、教学内容的安排、教学方法的选择以及教学评价等方面关注残疾学生的特殊学习需要，实施针对性教学。[单选题]*

○完全不符合 ○不太符合 ○基本符合 ○比较符合 ○完全符合

41．学校配备适当的教具、学具、康复训练设备（器材）和图书资料等，为随班就读学生得到针对性辅导和训练创设必要的条件。[单选题]*

○完全不符合 ○不太符合 ○基本符合 ○比较符合 ○完全符合

42．学校注重促进残疾学生和普通学生的交流与融合。[单选题]*

○完全不符合 ○不太符合 ○基本符合 ○比较符合 ○完全符合

43．学校为随班就读学生制定了不同于普通学生的专门考核制度。[单选题]*

○完全不符合 ○不太符合 ○基本符合 ○比较符合 ○完全符合

44．学校注重当地康复、医学、特殊教育中心等专业人员的作用，争取多方机构和当地社区的支持，充分调动社区资源，满足随班就读学生的特殊教育需要，促进其全面发展。[单选题]*

○完全不符合 ○不太符合 ○基本符合 ○比较符合 ○完全符合

45．学校经常与残疾学生家长交流学生情况，取得家长的配合和帮助。[单选题]*

○完全不符合 ○不太符合 ○基本符合 ○比较符合 ○完全符合

46．学校注重与普通学生家长的沟通和合作，取得家长的理解和支持。[单选题]*

○完全不符合 ○不太符合 ○基本符合 ○比较符合 ○完全符合

47．学校安排的随班就读任课教师有一定的教学经验，掌握随班就读的基本教学原则和方法，并具备基本的特殊教育基础知识和技能。[单选题]*

○完全不符合 ○不太符合 ○基本符合 ○比较符合 ○完全符合

48．学校会采取多种形式对承担随班就读工作的教师进行专业培训，促进教师专业成长。[单选题]*

○完全不符合 ○不太符合 ○基本符合 ○比较符合 ○完全符合

49．学校将承担随班就读任务的普通教育教师工作量纳入教师岗位绩效考核指标。[单选题]*

○完全不符合 ○不太符合 ○基本符合 ○比较符合 ○完全符合

50．学校的随班就读教师与当地特殊教育学校教师享有同等待遇，并在评优、评先、职称评定等方面予以优先考虑。[单选题]*

○完全不符合 ○不太符合 ○基本符合 ○比较符合 ○完全符合

51．地方教育行政部门将随班就读教师的培训纳入当地教师培训计划。[单选题]*

○完全不符合 ○不太符合 ○基本符合 ○比较符合 ○完全符合

52．地方教育行政部门安排特殊教育学校教师定期到普通学校对承担随班就读工作的教师进行巡回指导。[单选题]*

○完全不符合 ○不太符合 ○基本符合 ○比较符合 ○完全符合

53．地方教育行政部门能确保随班就读经费的需求，并逐年增加经费投入。[单选题]*

○完全不符合 ○不太符合 ○基本符合 ○比较符合 ○完全符合

54．地方教育行政部门能采取优惠政策和措施鼓励（如设立随班就读专项资金、向残疾学生提供补助）普通学校或幼儿园积极接收辖区内残疾人随班就读。[单选题]*

○完全不符合 ○不太符合 ○基本符合 ○比较符合 ○完全符合

55．当地特殊教育学校对残疾学生在筛查鉴定、师资培训、课堂教学研究、信息资料提供、咨询、职业培训等方面发挥骨干作用。[单选题]*

○完全不符合 ○不太符合 ○基本符合 ○比较符合 ○完全符合

56．地方教研部门配备有专职或兼职的特殊教育教科研人员，重视随班就读相关研究和教学探索。[单选题]*

○完全不符合 ○不太符合 ○基本符合 ○比较符合 ○完全符合

57．地方教育行政部门具体负责随班就读工作的实施，将随班就读工作纳入当地义务教育的整体规划，并协调当地卫生、民政、残联等部门，制定有利于促进随

班就读工作开展的政策、措施及支持保障体系。[单选题] *

○完全不符合 ○不太符合 ○基本符合 ○比较符合 ○完全符合

58. 地方教育行政部门实施本地随班就读工作的督导、年度检查、师资培训、随班就读学生所需的教材等工作。[单选题] *

○完全不符合 ○不太符合 ○基本符合 ○比较符合 ○完全符合

59. 地方教育行政部门根据随班就读工作需要，建立随班就读资源中心（指导中心），或委托当地特殊教育学校（中心）承担随班就读资源中心（指导中心）的职能，为随班就读工作提供业务指导和技术支持保障。[单选题] *

○完全不符合 ○不太符合 ○基本符合 ○比较符合 ○完全符合

附录3　关于随班就读情况的教师问卷

您好！为了了解普通小学随班就读学生的情况，特制定此问卷，恳请您帮忙填写。本问卷实行匿名制，所有数据只用于学术研究，请您根据实际情况放心填写。非常感谢您的支持！谢谢！

注：随班就读是指残疾儿童在普通学校接受教育。资源教室是指在普通学校建立的集课程、教材、学具、教具、康复器材和辅助技术于一体的专用教室。资源教师是指负责对特殊儿童进行个别辅导、补救教学，对普通班学生和家长提供咨询与支持服务的教师。巡回指导教师是指以巡回教学的方式对一个地区的若干学校、家庭、医院中的残疾儿童进行定期或专项辅导的教师。

1. 性别 [单选题] *

○男 ○女

2. 年龄 [单选题] *

○30岁及以下 ○31～40岁 ○41～50岁 ○50岁以上

3. 教龄 [单选题] *

○5年以下 ○5～10年 ○11～20年 ○20年以上

4. 最后学历 [单选题] *

○大专及以下 ○大学本科 ○硕士及以上

5. 所教学科 [单选题] *

○数学 ○语文 ○其他

6. 职称 [单选题] *

○无职称 ○初级职称 ○中级职称 ○高级职称

7. 职务 [单选题] *

○班主任 ○领导干部 ○普通教师

8．您所教年级［单选题］*

○1～2年级 ○3～4年级 ○5～6年级

9．请选择省份城市与地区：［填空题］*

____

10．贵校目前共有随班就读学生人数为［单选题］*

○0人 ○1～3人 ○4～5人 ○5人以上

11．贵校随班就读学生的残疾类型有（可多选）［多选题］*

□视力残疾 □听力残疾 □肢体残疾（包括脑瘫） □智力残疾

□言语残疾 □精神残疾（包括孤独症） □多重残疾 □其他

12．贵校随班就读学生的班级安置人数为［单选题］*

○每班1～2人 ○每班3人 ○每班4～5人 ○0人

13．贵校为随班就读学生建立个人教育档案的情况为［单选题］*

○无 ○有档案，内容不全 ○有档案，内容全面

14．贵校资源教室的情况为［单选题］*

○有 ○无

15．贵校资源教师的情况为［单选题］*

○有，专职 ○有，兼职 ○没有

16．贵校巡回指导教师定期指导的情况为［单选题］*

○有 ○没有

17．您是否接触过随班就读学生［单选题］*

○是 ○否

18．您是否接收过随班就读学生？［单选题］*

○是 ○否

19．您认为随班就读学生在普通小学应如何安置？［单选题］*

○分配至普通班级 ○组建特殊班级 ○成立资源教室 ○不进入普通小学较好

20．您认为将残疾儿童编入普通班级随班就读的形式合理吗？［单选题］*

○很合理 ○比较合理 ○不太合理 ○完全不应该有此形式

21．您在业务方面非常出色，能应对各类教学、各种儿童。现在教学主管要对人员进行重新分配，您会选择［单选题］*

○普通班级 ○特殊班级 ○资源教室 ○随班就读班级

22．您认为班级里有随班就读的学生会（可多选）［多选题］*

□不利于班级里其他学生健康成长

□有利于班级里其他学生健康成长

□不利于建立团结向上的班集体，会有歧视现象出现

□有利于建立团结向上的班集体，有助于同学们互助精神培养

□影响班级整体学习风气

□影响班级成绩的整体水平

□耽误其他学生

23. 您接收随班就读学生的原因可能是（可多选）[多选题]*

□工资增高 □利于评职称 □领导安排 □其他教师不接收 □喜欢孩子

□基于受教育机会均等 □孩子太可怜 □不会/没有考虑太多

24. 您接收随班就读学生时，要求[多选题]*

□没有过多要求 □有转衔手续 □符合学校规定

□对其身体鉴定合格 □不知道应要求什么 □其他 ________________

25. 您认为什么样的学生可以进行随班就读？（可多选）[多选题]*

□没要求 □能生活自理 □学习成绩与同级学生差距不大

□不能影响班级整体层次水平 □其他 ________________

26. 您认为随班就读学生入学时应考虑的因素有（可多选）[多选题]*

□家长或监护人意见 □年龄及障碍程度 □学习能力与学习习惯

□交往能力 □家庭住址、经济条件等 □其他 ________________

27. 您是否赞成特殊儿童随班就读？[单选题]*

○赞成 ○不赞成 ○不知道 ○无所谓

28. 您是否赞成设立资源教室及配备资源老师？[单选题]*

○赞成 ○不赞成 ○不知道 ○无所谓

29. 您认为残疾儿童最好的教育安置形式是什么？[单选题]*

○特殊学校 ○普通学校 ○个别教育 ○家庭教养

30. 如果您的班级有随班就读学生，您能处理好普通学生与残疾学生的关系吗？[单选题]*

○能 ○不能 ○不确定

31. 您是否参加过随班就读专向培训或一般的特殊教育知识技能的培训？[单选题]*

○是 ○否

32. 一线教师的教学策略中，对于随班就读生可以[单选题]*

○制定专门的个别化教育计划(IEP) ○制定分层教学教案

○普通教学 ○不了解/不知如何是好

33. 在小学的标准授课时间内，每堂课分配多少时间给随班就读学生比较合理？[单选题] *

○10～15分钟 ○5～10分钟 ○5分钟以下 ○不用特意分配

34. 如果您的班级有随班就读学生，在授课时您会[单选题] *

○制作教具，个别辅导 ○普通教学，个别辅导 ○普通教学 ○不予理睬

35. 您认为学校是否需要针对随班就读学生的特点和需求因材施教，提供特殊课程和教科书，配备专门的教学与训练设备，实施个别化教育？[单选题] *

○需要 ○不需要 ○不知道 ○无所谓

36. 您认为学校是否应该将承担随班就读任务的普通教育教师工作量纳入教师岗位绩效考核指标？[单选题] *

○应该 ○不应该 ○不知道 ○无所谓

37. 您觉得随班就读教师是否应该与当地特殊教育学校教师享有同等待遇，并在评优、评先、职称评定等方面予以优先考虑？[单选题] *

○应该 ○不应该 ○不知道 ○无所谓

38. 对于随班就读，您是如何理解的？（请从教育安置、教学方法、教学组织形式等方面谈谈您的看法，也可谈谈对于随班就读的意见或建议。）[填空题] *

____

39. 学校有将随班就读工作纳入学校的整体工作日程，统一规划和管理，指定专人负责，给予全面保障。[单选题] *

○完全不符合 ○不太符合 ○基本符合 ○比较符合 ○完全符合

40. 学校积极创建尊重、宽容和友爱的校园环境和氛围，形成普通学生与残疾学生相互尊重、共同成长的良好校风和班风。[单选题] *

○完全不符合 ○不太符合 ○基本符合 ○比较符合 ○完全符合

41. 学校的教育教学无障碍设施和无障碍校园环境建设完善。[单选题] *

○完全不符合 ○不太符合 ○基本符合 ○比较符合 ○完全符合

42. 学校根据随班就读学生的身心特点和特殊需求，为其制定和实施个别化教育计划。[单选题] *

○完全不符合 ○不太符合 ○基本符合 ○比较符合 ○完全符合

43. 学校针对随班就读学生的特殊教育需要，设置适合其需要的特殊课程。[单选题] *

○完全不符合 ○不太符合 ○基本符合 ○比较符合 ○完全符合

44. 学校根据随班就读学生的情况，配备适合需要的教科书（如盲文版、大字版等教科书）等。[单选题] *

○完全不符合 ○不太符合 ○基本符合 ○比较符合 ○完全符合

45．学校随班就读教师在教学目标的设置、教学内容的安排、教学方法的选择以及教学评价等方面关注残疾学生的特殊学习需要，实施针对性教学。[单选题]*

○完全不符合 ○不太符合 ○基本符合 ○比较符合 ○完全符合

46．学校配备适当的教具、学具、康复训练设备（器材）和图书资料等，为随班就读学生得到针对性辅导和训练创设必要的条件。[单选题]*

○完全不符合 ○不太符合 ○基本符合 ○比较符合 ○完全符合

47．学校注重促进残疾学生和普通学生的交流与融合。[单选题]*

○完全不符合 ○不太符合 ○基本符合 ○比较符合 ○完全符合

48．学校为随班就读学生制定了不同于普通学生的专门考核制度。[单选题]*

○完全不符合 ○不太符合 ○基本符合 ○比较符合 ○完全符合

49．学校注重当地康复、医学、特殊教育中心等专业人员的作用，争取多方机构和当地社区的支持，充分调动社区资源，满足随班就读学生的特殊教育需要，促进其全面发展。[单选题]*

○完全不符合 ○不太符合 ○基本符合 ○比较符合 ○完全符合

50．学校经常与残疾学生家长交流学生情况，取得家长的配合和帮助。[单选题]*

○完全不符合 ○不太符合 ○基本符合 ○比较符合 ○完全符合

51．学校注重与普通学生家长的沟通和合作，取得家长的理解和支持。[单选题]*

○完全不符合 ○不太符合 ○基本符合 ○比较符合 ○完全符合

52．学校安排的随班就读任课教师有一定的教学经验，掌握随班就读的基本教学原则和方法，并具备基本的特殊教育基础知识和技能。[单选题]*

○完全不符合 ○不太符合 ○基本符合 ○比较符合 ○完全符合

53．学校经常组织随班就读教师参加包含特殊教育内容的各种形式的继续教育培训，促进教师专业成长。[单选题]*

○完全不符合 ○不太符合 ○基本符合 ○比较符合 ○完全符合

54．学校将承担随班就读任务的普通教育教师工作量纳入教师岗位绩效考核指标。[单选题]*

○完全不符合 ○不太符合 ○基本符合 ○比较符合 ○完全符合

55．学校的随班就读教师与当地特殊教育学校教师享有同等待遇，并在评优、评先、职称评定等方面予以优先考虑。[单选题]*

○完全不符合 ○不太符合 ○基本符合 ○比较符合 ○完全符合

附录 4　农村残疾儿童受教育权访谈提纲

1. 您认为残疾儿童应该进入特教学校还是普通学校随班就读?
2. 在贵校就读的残疾儿童在学校学习和生活中存在哪些问题?
3. 在您的机构接受康复训练的残疾儿童存在哪些问题?
4. 贵校（特教学校）在办学经费和师资方面情况如何?
5. 在贵校（普通学校）就读的残疾儿童的生均公用经费按什么标准拨付?
6. 在您的机构康复的残疾儿童的主要经费来源有哪些?
7. 谈谈您对国家特殊教育政策的认识和建议。
8. 您认为残疾儿童随班就读最大的障碍是什么?
9. 谈谈送教上门工作开展中的困难。
10. 你们是否有开展针对残疾儿童家长的专业教育? 具体包括什么内容?
11. 您在对残疾儿童的教育中遇到的最大的困难是什么?
12. 您认为解决农村残疾儿童教育保障问题的办法是什么?

参 考 文 献

[1] 中国残疾人联合会.中国残疾儿童现状与需求调查研究[M].北京:华夏出版社,2011.

[2] 刘全礼,王得义,兰继军,等.中国特殊教育发展报告:2013[M].北京:中国轻工业出版社,2015.

[3] 王雁,朱楠.中国特殊教育教师发展报告:2014[M].北京:北京师范大学出版社,2015.

[4] 邓猛.融合教育:理论反思与本土化探索[M].北京:北京大学出版社,2014.

[5] 钱志亮.要提高儿童福利院的特殊教育质量[J].现代特殊教育,1994(6):32.

[6] 孟宪范,李海富,吴利娟.农村女童受教育权的保护[J].中国社会科学,1995(5):108-123.

[7] 李连宁.中国儿童受教育权的法律保护[J].学前教育研究,1996(3):8-11.

[8] 蒋少荣.论我国公民受教育权的法律关系及法律保护[J].教育理论与实践,1998(5):32-35.

[9] 蒋少荣.公民受教育权及其实现中的法律关系[J].中国教育法制评论,2002(10):385-398.

[10] 李晓静.公民受教育权及其法律保护浅谈[J].江西社会科学,2002(11):163-165.

[11] 秦启轩.论公民受教育权的实现与政府的责任[J].阜阳师范学院学报(社会科学版),2003(6):103-106.

[12] 李秋萍,章兰.受教育权浅论[J].前沿,2003(10):115-118.

[13] 袁征.论受教育权[J].清华大学教育研究,2004(4):7-11.

[14] 徐建和,刘中元.公民受教育权的法律保障及实现机制[J].教育理论与实践,2004(21):25-28.

[15] 龚向和.《经济、社会和文化权利国际公约》中受教育权在中国的实现:兼论中国公民受教育权的立法保障[J].湖南大学学报(社会科学版),2005(4):108-112.

[16] 江小英,黄英.我国大陆特殊儿童家庭教育研究综述[J].中国特殊教育,2005(7):86-91.

[17] 赵利.论公民受教育权的实现[J].当代教育科学,2005(20):16-19.

[18] 林金辉.高等学校创造教育的管理体制和保障机制[J].教育研究,2006(12):51-54,71.

[19] 孟万金,刘玉娟,刘在花.残疾儿童教育不公平现象的原因分析:五论残疾儿童教育公平[J].中国特殊教育,2007(3):3-5.

[20] 李龙刚,银小贵.论公民受教育权内容的有机构成[J].法制与经济(上半月),2007(7):73-74.

[21] 佘雅风.论公民受教育权平等保护的合理差别对待标准[J].北京师范大学学报(社会科学版),2008(4):11-18.

[22] 杨广学.需要对特殊儿童家庭提供专业服务[J].中国特殊教育,2009(4):4-5.

[23] 申素平.试析国际人权法中的儿童受教育权[J].比较教育研究,2009(9):1-5.

[24] 陈运华.论私法视阈中的受教育权[J].教育评论,2010(2):7-10.

[25] 李佳勋.农村残疾人受教育权的法制保障[J].教育评论,2010(4):22-25.

[26] 石连海.义务教育阶段残疾儿童受教育权保障的思考[J].中国特殊教育,2010(4):3-6,17.

[27] 崔凤鸣.推动残疾人融合教育的几个关键问题[J].教育发展研究,2010(6):80-84.

[28] 王吉文.城市流浪儿童受教育权的保护问题:以儿童权利保护的“非歧视原则”为视角[J].广西政法管理干部学院学报,2010(6):52-55,60.

[29] 田青青.特殊儿童受教育权法律保障措施探讨[J].成功(教育),2010(10):206-207.

[30] 蔡卓倪,李敏,周成燕.特殊儿童家庭教育社会支持情况调查分析[J].中国特殊教育,2010(12):17-20.

[31] 谌小猛,李敏.特殊儿童家庭亲职教育需求的调查研究[J].中国特殊教育,2011(1):4-11,17.

[32] 刘家勤.论义务教育阶段残疾儿童受教育权保障的家长义务[J].中国特殊教育,2011(6):3-7.

[33] 张翼杰.论残疾儿童受教育权的法律保护[J].残疾人研究,2012(4):13-18.

[34] 张爱琴.宁夏特殊教育发展现状及对策研究[J].中国特殊教育,2013(2):15-20.

[35] 李奕潇.论义务教育阶段残疾儿童受教育权的保障[J].公民与法(法学版),2013(3):46-48,52.

[36] 徐波.关于高等特殊师范教育专业开展特殊儿童家庭支持服务的探讨[J].教育探索,2013(4):155-157.

[37] 兰继军,吕春苗.论自闭症儿童受教育权的法律保障[J].毕节学院学报,2013(6):71-75.

[38] 柳翔浩.试论农村留守儿童受教育权的法律保障[J].中国特殊教育,2013(7):60-63.

[39] 曲正伟.受教育权实现中的权利冲突[J].现代教育管理,2013(12):1-5.

[40] 宋周.我国农民权益保障机制的理论分析框架[J].当代经济,2013(24):28-29.

[41] 王为东.法治思维下留守儿童受教育权的保障机制:以河南省原阳县留守儿童学校为观察点[J].当代教育论坛,2014(4):75-82.

[42] 张海迪.谈谈“代表、服务、管理”:在第二十八次全国残联工作会议上的讲话[J].中国残疾人,2014(4):24-27.

[43] 马文慧.外国学者关于受教育权相关领域观点的研究综述[J].教育理论与实践,2014(18):12-14.

[44] 张丽.司法救济路径下的公民受教育权利研究[J].教育理论与实践,2014(27):6-8.

[45] 金爽.我国特殊教育义务教育新世纪的发展与思考[J].黑龙江教育(理论与实践),2015(1):1-2.

[46] 刘文静.《残疾人权利公约》视角下的残疾儿童受教育权研究[J].理论界,2015(4):82-87.

[47] 樊秀琴.昌吉州特殊教育现状调查及对策研究[J].新疆教育学院学报,2015(2):37-43.

[48] 杨克.中国农村儿童受教育权:福利供给与财政体制[J].学术界,2015(6):218-229.

[49] 杨克.农村儿童受教育权保障状况研究:基于“去商品化”与“去分层化”的双维视角[J].中州学刊,2015(8):69-73.

[50] 朱楠,彭盼盼,邹荣.特殊儿童家庭社会经济地位、社会支持对亲子关系的影响[J].中国特殊教育,2015(9):19-24.

[51] 汪洋.受教育权的内涵结构与现实形态[J].现代教育管理,2015(11):64-68.

[52] 沈俊强.近十五年我国儿童受教育权研究述评[J].教育科学论坛,2015(13):75-77.
[53] 万胜.特殊儿童实现平等受教育权之路径思考[J].法制与社会,2015(23):265-266.
[54] 阮玲燕.我国儿童受教育权的保障[J].法制博览,2015(31):238.
[55] 赵巧云,潘孜伟.特殊儿童康复教育的困境与思考[J].中国校外教育,2015(35):71,109.
[56] 丁勇.关于健全特殊教育保障机制的思考[J].中国特殊教育,2016(2):10-13,18.
[57] 李学会,李晶晶,傅志军.扩展送教上门的内涵:生态系统的视角[J].理论观察,2016(2):124-126.
[58] 刘雪斌.新发展理念与我国残疾儿童发展权利的保障[J].人权,2016(3):26-41.
[59] 余雅风.实现城乡教育公平:《义务教育法》任重道远[J].华南师范大学学报(社会科学版),2016(3):63-68,191.
[60] 湛中乐.公民受教育权的制度保障:兼析《义务教育法》的制定与实施[J].华南师范大学学报(社会科学版),2016(3):56-62,191.
[61] 陈颖,徐聃.孤独症儿童受教育权保障研究:基于湖南省的实证调研分析[J].湖南行政学院学报,2016(5):92-97.
[62] 陈翠翠,杜晓新,宿淑华,等.特殊儿童家长正念与焦虑的关系:应对方式的中介作用[J].中国特殊教育,2016(7):70-75,96.
[63] 田贤国.农村留守儿童受教育权保障机制研究[D].武汉:华中师范大学,2007.
[64] 潘小宁.义务教育阶段残疾儿童、少年受教育权国家保障研究[D].西安:陕西师范大学,2008.
[65] 余永龙.论我国残疾儿童受教育权的法律保障[D].南昌:江西师范大学,2014.
[66] 第二次全国残疾人抽样调查领导小组,中华人民共和国国家统计局.2006年第二次全国残疾人抽样调查主要数据公报:第二号[EB/OL].(2007-05-28)[2018-03-01].http://www.gov.cn/fwxx/cjr/content_1311943.htm.
[67] 国家中长期教育改革和发展规划纲要工作小组办公室.国家中长期教育改革和发展规划纲要:2010—2020年[EB/OL].(2010-07-29)[2018-03-05].http://www.moe.edu.cn/srcsite/A01/s7048/201007/t20100729_171904.html.
[68] 中国残疾人联合会.关于印发《2012年度残疾人状况及小康进程监测报告》的通知[EB/OL].(2013-06-27)[2018-03-01].http://www.cdpf.org.cn/sjzx/jcbg/201408/t20140812_410999.shtml.
[69] 教育部基础教育二司.特殊教育改革发展的下一步工作思路[EB/OL].(2015-11-30)[2018-03-05].http://www.moe.edu.cn/jyb_xwfb/xw_fbh/moe_2069/xwfbh_2015n/xwfb_151130/151130_sfcl/201511/t20151130_221696.html.
[70] 中国残疾人联合会.年度数据[EB/OL].(2016-12-30)[2018-03-05].http://www.cdpf.org.cn/sjzx/sjcx/ndsj/.
[71] 教育部.教育统计数据[EB/OL].(2017-8-24)[2018-03-05].http://www.moe.edu.cn/s78/A03/moe_560/jytjsj_2016/.
[72] How China Protects Citizens' Right to Education: An Interview with Chen Xiaoya, Vice-Minister of Education[J]. Human Rights, 2006(5):2-5.